Fischer TaschenBibliothek

Man muss nicht gleich eine Fernreise buchen, um dem Alltag zu entkommen. Davon ist Björn Kern überzeugt. Und so ist er nicht am Amazonas und nicht in eisigen Höhen unterwegs, sondern auf wenigen Metern über Normal Null, gleich vor der eigenen Haustür. Aber auch hier, in heimischer Flur, lauern existentielle Erfahrungen … Mit seiner Idee vom »Nahweh« offenbart Björn Kern einen Ausweg für alle, die rauswollen, ohne aussteigen zu können. Für sie, die Sehnsüchtigen, ist diese magische Freiheitsfibel geschrieben.

»Erlebnisbericht des konsumkritischen Schriftstellers Björn Kern über ein Jahr voller Waldwanderungen, Eisbäder und Schwitzhütten. Urlaub für das Gehirn.« *Rheinische Post*

Björn Kern, 1978 geboren im Südschwarzwald, lebte über zehn Jahre in Berlin und ist nun mit seiner Familie ins Oderbruch gezogen. »Das Beste, was wir tun können, ist nichts« wurde zum Bestseller. Für seine Romane erhielt er u.a. den Brüder-Grimm-Preis und das Casa-Baldi-Stipendium der Villa Massimo sowie, für einen Auszug aus »Solikante Solo«, das Brandenburgische Literaturstipendium.

Weitere Informationen finden Sie unter www.fischerverlage.de

BJÖRN KERN

IM FREIEN

Geschichten VOM Draußensein

FISCHER TaschenBibliothek

Aus Verantwortung für die Umwelt hat sich der S. Fischer Verlag zu einer nachhaltigen Buchproduktion verpflichtet. Der bewusste Umgang mit unseren Ressourcen, der Schutz unseres Klimas und der Natur gehören zu unseren obersten Unternehmenszielen.

Gemeinsam mit unseren Partnern und Lieferanten setzen wir uns für eine klimaneutrale Buchproduktion ein, die den Erwerb von Klimazertifikaten zur Kompensation des CO_2-Ausstoßes einschließt.

Weitere Informationen finden Sie unter:
www.klimaneutralerverlag.de

FSC
www.fsc.org
MIX
Papier aus verantwortungsvollen Quellen
FSC® C083411

Erschienen bei FISCHER Taschenbuch
Frankfurt am Main, März 2021

Umschlaggestaltung: www.buerosued.de
Satz: Dörlemann Satz, Lemförde
Druck und Bindung: CPI books GmbH, Leck
Printed in Germany
ISBN 978-3-596-52310-8

1. Kapitel

Nachts, im Wald

Ich erwache von einem scheußlichen Bellen. Gefolgt von Hufgetrappel, das von den Baumstämmen widerhallt. Der Waldboden erzittert. Ich hebe den Kopf, traue mich nicht aufzustehen. Mein Puls rast. Das Feuer ist ausgebrannt, die Lichtung liegt schwarz in der Nacht. Mir ist kalt in dem dünnen Schlafsack, er riecht nach Rauch. Ich bin allein, mitten im Wald. Umgeben von einem Rudel Wildtiere.

Wildschweine?

Wölfe?

Dann wieder das Bellen, hart und aggressiv, keine zwanzig Meter neben mir im Dunkeln. Panik kommt auf. Ich suche das Messer, das Handy, will nur noch eines: raus aus dem Wald.

Doch zu spät.

Zwölf Stunden zuvor.

Ich sitze am Computer. Seit einer Ewigkeit schon. Meine Arbeit und ich finden nicht recht zueinander. Sie gibt sich kapriziös, meine Arbeit, entwindet sich immer aufs Neue. Ich schreibe Sätze und lösche sie wieder. Und wenn ich sie gelöscht habe, tippe ich sie wieder hin. Und so nimmt das Unheil seinen Lauf. Ich öffne Mozilla Firefox. Sehe ein Video an, auf dem ein Zweijähriger Skateboard fährt. Er trägt noch Windeln. Ich schiele auf die Nachrichtenportale: Trump. Roter Knopf. Weltfrieden. Taylor Swift gewinnt gegen ihren Stalker. Amerikanische Forscher züchten ein Ohr auf einem Unterarm. Ein Gorilla lernt kiffen. Währenddessen vollführe ich Verrenkungen, bei denen ich lieber nicht beobachtet werden möchte. Schulterrollen. Nackenkreisen. Hartnäckig öffne ich wieder und wieder den Artikel, an dem ich gerade arbeite, nur um ihn mit zunehmender Verzweiflung wieder zu schließen.

Am späten Nachmittag, nach einem Arbeitstag ohne körperliche Bewegung, stehe ich auf und trete ans Fenster. Draußen spiegelt sich die Sonne in der Dachluke des Schuppens. Drinnen surrt die Lüftung des Computers. Draußen verfärben sich die Wolken violett. Drinnen schimmert die Welt im Windows-Grau. Wildgänse ziehen über den Hof, verschwinden hinter einem Wolkenband. Ich öffne das Fenster. Die Luft, die hereinströmt, ist schon etwas warm.

Und da ist es wieder, das Nahweh. Es fühlt sich windstill an, riecht ein wenig nach Holzrauch. Es klingt nach den Zugachsen, die am Dorfende über die Gleise rattern.

Es bringt mich sofort um den Verstand.

Ich drücke auf Escape.

Schalte den Computer aus, schnüre mir die Stiefel. Ich muss da raus. Nichts zu machen. Dass es März ist und nachts noch frieren kann, scheint ein wenig hinderlich, aber das Nahweh ist einfach zu stark. Der Drang, draußen zu sein. Für ein paar Stunden alles hinter mir zu lassen. Luft zu atmen. Frei zu sein. Und so verlasse ich erst den Hof, dann das Dorf und folge der Bahnlinie, in Richtung der Alten Oder, in der das letzte Eis endlich geschmolzen ist, nehme von dort die Eichenallee und dann den Feldweg zum Wald. Auf meinen Schultern: ein Rucksack mit Taschenlampe, Handy, Gaskocher, Kaffeepulver, Blechgeschirr, Taschenmesser, etwas Wodka, einem Paar Thüringer, Brot, einer Isomatte und einem Schlafsack.

Ich werde die Nacht im Wald verbringen. Allein. So lautet der Plan. Meine erste Nacht im Wald überhaupt. Es ist ein Plan, von dem ich bis vor kurzem selbst noch nichts wusste. Ich kenne das schon. Erst die Stunden am Rechner. Dann ein Nahwehanfall. Und schließlich der totale Übersprung. Ziel ist der morsche Unterstand auf der Lichtung, die eine halbe Stunde im Waldinneren liegt.

Updates werden konfiguriert? Schalten Sie den Computer nicht aus?

73 % Fortschritt?

Soll Word die zuletzt gespeicherte Version wiederherstellen?

Tut mir leid. Ich mach nicht mehr mit.

Die Märzsonne steht tief über dem Acker, mein Schatten wandert neben mir über die Furchen und Schollen. Der Feldweg zum Wald ist verharscht, unter meinen Sohlen knirscht Reif. Ich drehe mich noch einmal um. Vom Dorf ist nichts mehr zu sehen. Erleichtert gehe ich weiter. In der Ferne brummt ein Mofa, vom Acker stieben Saatkrähen auf. Endlich erreiche ich den Waldrand, ein Band aus hochaufgeschossenen märkischen Kiefern. Sie stehen im Abendlicht wie auf der Bühne.

Ich betrete den Wald, und mit dem Wald eine andere Welt. Der Weg wird sandiger, weicher. Angenehmer zu gehen. Mein Blick, eben noch die Weite des Ackers gewöhnt, stellt sich auf Nähe ein. Die Kiefernstämme. Die gleichmäßigen Abstände dazwischen. Die Brombeerranken am Wegrand, blattlos und kahl. Das Licht schwindet mit jedem Meter, den ich in den Wald hineingehe. Nur einige überfrorene Farne leuchten weiß auf.

Es riecht nach nassem Sand und Kiefernharz, die Luft ist feucht, es wird Nebel geben. Beim nächsten Schritt knackt es, ein Kiefernzapfen schnellt unter meinem Schuh hervor, stößt gegen ein Büschel

Farne. Reif rieselt herab. Ich ziehe den Handschuh aus und nehme eines der breitgefiederten Blätter zwischen die Finger. Der Reif schmilzt in meiner Hand, rinnt mir kalt von den Fingern. Ich muss lächeln. Geschafft. Endlich draußen.

Ich gehe. Ich atme.

Und strecke mich durch.

Mein Nacken ist noch immer verspannt, doch der Schmerz ist bereits gedämpft. Meine Schritte federn auf dem Waldboden. Vor mir liegt ein herabgesprengtes Stück Eichenrinde, ich hebe es auf. Es erinnert mich an das gegerbte Gesicht meines Großvaters. Je tiefer ich vordringe, umso dichter wird das Dornengestrüpp entlang des Weges. Der Wald rückt näher, legt sich um mich wie eine zweite Haut. Von oben fällt letztes Licht durch die Kronen der Kiefern, doch hier unten, auf dem Reisigboden, hüllt sich der Wald immer mehr in die Dämmerung ein. Die Brombeerranken werden zu drahtigen Gestalten, die Kiefern zu nunmehr grauen Säulen, ohne Rinde, ohne Struktur.

Es ist März, hatte meine Freundin gesagt, als ich eilig den Rucksack packte, nachts überfriere es noch. Aber im Grunde wusste sie, dass es keinen Sinn hatte zu protestieren. Akutes Nahweh ist stärker als ihre Bedenken. Und überaus hartnäckig. Es überfällt einen vor der Arbeit. Nach der Arbeit. Am Wochenende.

In der Mittagspause. Nachts. Das Nahweh bahnt sich immer einen Weg. Zu stark ist der Drang, unverzüglich im Freien zu sein. Es zu unterdrücken macht alles nur schlimmer. Führt zu Ersatzhandlungen. Zu Ersatzbefriedigungen, die weit gefährlicher sind. Zu Alkohol und Popcorn, zu Nikotin und Chips.

Da es ohnehin stärker ist, das Nahweh, gibt es nur eine Möglichkeit, ihm zu begegnen: es zulassen, feiern, willkommen heißen. Als Gruß aus einer Zeit, zu der die Kerls noch auf den Bäumen lebten, wie es bei Erich Kästner heißt. Als kleine Mahnung gar, wer wir sind. Um dem Nahweh zu begegnen, muss man nicht ins Reisebüro und ins Internet. Man muss kein Auto in Bewegung setzen und keine Grenze queren. Man muss nur vom Schreibtisch aufstehen, die Haustür aufstoßen und nach draußen gehen.

Nahweh ist dabei äußerst unkompliziert. Es schert sich nicht um die Werbebilder der Outdoor-Industrie. Nahweh kommt ohne Patagonien aus und ohne Rocky Mountains. Es führt nicht zu Schöffel und nicht zu Globetrotter. Es lässt einen keine Zweitausend-Euro-Ausrüstung erstehen, die nach dem Erlebnisurlaub in Schweden im Keller verstaubt. Nahweh ist bescheiden und geht doch aufs Ganze. Es löst die Erstarrung. Es erlöst uns vom Dasein als Hampelmann. Es ist die Sehnsucht, mit der Welt da draußen wieder verbunden zu sein. Wer nicht mehr vierzehn ist und diese Sehnsucht noch immer kennt, wird gern belächelt. Erst von den Eltern, dann vom Partner, irgendwann von den eigenen Kindern: Werd erwachsen. Zahl deine Miete. Geh wählen. Komm endlich an.

Nicht ganz für voll genommen zu werden, das ist indes eine gute Startvoraussetzung. Um draußen zu sein, braucht man ein solides Grundmaß an Unreife. Pubertäre Anwandlungen haben sich durchaus bewährt. Zarte Ansätze von Verantwortungslosigkeit. Man benötigt keine Geistesschärfe, um draußen zu sein, keine politische Haltung und keine Religion. Man darf dieses Glück ohne Recherche erfahren und ohne Rücktrittsversicherung, ohne Ausbildung und hart erworbene Kompetenzen. Im Gegenteil: Von Vorkenntnissen aller Art ist möglichst abzusehen. Sie bergen nur die Gefahr, draußen weniger überrascht zu sein, weniger zu erleben.

Im Wald biege ich auf den Trittpfad ab, der zur Lichtung führt. Hoffentlich steht der Unterstand noch, ich war lange nicht dort. Inzwischen sehe ich nur noch wenige Meter vor mir ins Halbdunkel, Laub und Reisig liegen schwarz im Unterholz, die knorrigen Strünke aus dem Boden gerissener Wurzelballen sind unnahbare Schatten. Ich hätte früher aufbrechen sollen. Von einem Tümpel, starr unter einer Haut aus alten Blättern, steigt Nebel auf.

Der Trittpfad nähert sich dem Tümpel, wird

schmaler, im letzten Moment ducke ich mich unter einem schiefen Birkenreißer hindurch.

Auf einmal spüre ich etwas vor mir.

Ich nehme die Kapuze vom Parka, um meine Sinne nicht abzuschneiden. Ich lausche. Ich starre. Nichts. Außer dem Zwielicht. Außer den Schemen der Kiefern. Dann glaube ich, ein Scharren zu hören. Wenn ich stehen bleibe, verstummt es. Wenn ich weitergehe, setzt es wieder ein.

Was ist das?

Und da ist er wieder, der Moment. Der Moment, den ich nur vom Draußensein kenne. Ich spüre das Adrenalin, die totale Wachheit, eine ungekannte Energie. Ich fühle mich aufgeputscht, in einem Zustand rigider Klarheit. Es ist die absolute Präsenz.

Wieder das Scharren.

Ich atme den klaren Nebel, den Geruch nach Harz und nach Nadeln, doch mein Atem geht zu gepresst, um die Luft bis tief in die Lungen zu saugen.

Sobald ich weitergehe, verwandelt sich das Scharren in ein Schnaufen. Als grabe jemand, als strenge das Graben jemanden ganz schön an.

Ich gehe vorsichtig weiter, der Trittpfad mündet in die Waldlichtung. Sie öffnet sich vor mir wie ein Schaukasten, wie ein Aquarium, das Licht ist diesig, verschwommen, aber eine Nuance heller als eben auf dem Pfad. Die Gräser und Farne am Boden schimmern grünlich, am gegenüberliegenden Ende sind die Schemen von Unterstand und Feuerstelle zu sehen, wo ich mein Nachtlager aufschlagen will.

Auf einmal ein Knacken im Unterholz. Jäh. Nah. Rücksichtslos. Zu laut, um durch einen Windhauch, durch herabrieselnden Reif verursacht zu sein.

Die Bilder im Kopf kommen ganz von allein. Die dunkle Kutte, die aus der Schonung bricht, das Grinsen des Verwirrten, das Messer an meinem Hals.

Doch auf der Lichtung taucht nicht mein Mörder auf, sondern ein Tier. Es steht genau zwischen mir und dem Unterstand. Ich schrecke zusammen, fasse nach dem Stamm einer Kiefer, Rinde bröckelt herab. Dann begreife ich, was aus der Schonung gebrochen ist.

Ein Fuchs.

Keine fünfzehn Meter vor mir.

Der Größe nach vielleicht ein Rüde, mit einer länglichen, eleganten Silhouette. Die spitze Schnauze. Der Schwung der Wirbelsäule. Der buschige Schwanz. Bewegungslos steht er da, bebend nur die Flanke. Aus dem dichten Winterfell, weiß an der Unterseite, ragen schwarz gestiefelte Pfoten. Ich rieche seinen leichten Räubergeruch. Ein wenig streng, ein wenig Urin, aber nicht stechend.

Ein uralter Atavismus läuft ab: Ist das Freund? Oder Feind?

Es ist, als sei der Fuchs von unserem Zusammentreffen nicht weniger überrascht. Er steht und atmet

Kondenswolken aus. Auch ich stehe und atme Kondenswolken aus. Zwischen uns gerät der Bodennebel durch eine schwache Seitendrift in Bewegung, zieht ab, strömt nach. Der Nebel versteckt den Fuchs, gibt ihn frei, lässt nur den spitzen Kopf hervorschauen, dann liegen die zwanzig Meter Waldlichtung zwischen uns wieder leer im Zwielicht.

Unsere Gegenüberstellung erinnert an ein Duell. Die Kronen der Bäume und der Nachthimmel haben sich über uns zu einem Baldachin geschlossen. Doch der Fuchs scheint anders zu denken, mich eines Gegners nicht für würdig zu befinden. Gehe ich einen Schritt auf ihn zu, weicht er nicht zurück. Verharre ich, nähert er sich sogar an. Mir wird warm unter der Brust, unter der das Herz fester schlägt. Warum verschwindet er nicht? Müsste er keine Angst vor mir haben?

Er tänzelt sogar einige Schritte auf mich zu, im Schnürgang, die Hinterpfoten exakt in die Abdrücke der Vorderpfoten gesetzt. Ich atme so leise wie möglich. So wenig wie möglich. Der Oberkörper des Fuchses ist schräg zur Laufrichtung gestellt, die dreieckigen Ohren sind gespitzt. Er kommt immer näher, keine zehn Meter trennen uns noch. Ich sehe das glänzende, leicht schräg stehende Augenpaar. Die Schnurrhaare. Einen verbrannten Fleck im Deckhaar der Stirn.

Etwas wurde verrückt durch den Auftritt des Fuchses, etwas zwischen den Wald und mich geschoben. Ich höre nicht mehr, ich horche. Ich sehe nicht mehr, ich spähe. Die Freiheit, die der Wald eben noch bot, verengt sich, bekommt einen doppelten Boden. Um zum Unterstand zu gelangen, müsste ich direkt am Fuchs vorbei. Nicht möglich. Sein Bannkreis hält mich zurück. Jahrhunderte schlechten Leumunds haben Spuren hinterlassen. Der Fuchs, das war der Wilde, Sündige, Falsche, der Oberschlaue. Auch in der Schule wurde ich gewarnt: Wenn ein Wildtier nicht flieht, gib acht. Ein zahmer Fuchs sei tollwütig!

Nach einigen weiteren Sekunden, die wir voreinander stehen und einander belauern, wende ich mich ab. Der Fuchs hat gesiegt, obwohl er gar nicht gekämpft hat. Langsam setze ich Fuß um Fuß zurück, beschreibe einen respektvollen Bogen am Fuchs vorbei durchs Unterholz. Ständig bricht ein Zweig unter meinen Sohlen, ratscht ein Ast meinen Parka entlang. Der Fuchs verschwindet nicht, nimmt aber auch keine Verfolgung auf.

Während ich Reisig und Totholz zusammenklaube und vom Reif freiklopfe, wundere ich mich: Wir fahren nachts U-Bahn und auf Schnellstraßen Auto, laufen im dichten Berufsverkehr durch die Stadt und sitzen inmitten von vierzigtausend Menschen im Stadion, das zur Falle werden kann. Doch die Urinstinkte, die melden sich abseits realer Gefahr. Im Angesicht eines neugierigen Fuchses.

Im Wald.

Nach einigen Dutzend Metern durchs Unterholz traue ich mich auf die Lichtung zurück. Der Fuchs ist nicht mehr da. Wo er stand, ist nun dichter Nebel.

Endlich habe ich mein Ziel erreicht. Der Unterstand ist etwas windschief, ein morsch gewordener, runder Pavillon neben einer Feuerstelle. Immerhin, er steht noch. Die innenliegende Sitzbank bietet genügend Platz, um auf ihr zu schlafen. Seit ich den Pavillon vor einigen Jahren entdeckte, verfällt er, in einigen Jahren wird er vom Wald überwuchert sein.

Es ist kurios. Im Grunde fühle ich mich erst vollständig, wenn ich draußen bin. Doch die meiste Zeit meines Lebens habe ich drinnen verbracht. In der Schule, in der Uni, in der Wohnung, in der Bahn, am Schreibtisch. So verschieden die Orte auch waren, an denen ich mich aufhielt, eines war ihnen gemein: Sie waren von Mauern umschlossen, und über ihnen thronte ein Dach, das alles erdrückte. Offenbar war in jedem Fall eine Membran zwischen mich und die Luft draußen zu bringen. Möglichst viel Glas. Möglichst viel Beton. Möglichst viel Blech. Ich fühlte mich stets abgehängt hinter dieser Membran, meines Körpers beschnitten. Eingesperrt. Hinter Wänden, unter Zwängen. Drinnen eben.

Nur das Nahweh erinnerte mich daran, dass ich nicht nur über einen Schreibtisch, sondern auch über Muskeln verfügte. Dass sich die Muskeln sogar bewegen ließen. Dass ich diese Bewegung willentlich steuern konnte. Rennen. Ducken. Springen. Alles möglich, da draußen. Nahweh ist der Freund, der ein wenig mütterlich ist, einen beständig neu anstupst, es anders, es richtig zu machen. Der Freund, der es gut mit einem meint, dessen Ratschläge manchmal zwar ungebeten sind, von denen man aber weiß, dass es die richtigen sind. Nahweh ist die Kraft, die uns immer wieder nach draußen bringt.

Ich ziehe blättrige Birkenrinde von einem Stamm, die besonders leicht brennt, schnitze Späne von den aufgelesenen Ästen, schichte Reisig dazwischen, entzünde die Birkenrinde mit einem Feuerzeug. Es schwelt. Es dauert. Der Rauch steigt nicht auf in dem Nebel, drängt zur Seite, rollt zu Boden, dringt in den Pavillon. Doch als endlich Flammen aufzüngeln und Funken in den von Zweigen gerahmten Himmel aufschlagen, ist der Wald wieder, was er vor der Begegnung mit dem Fuchs war. Schutz, nicht Bedrohung. Nicht Fremder, sondern Freund. Das Knistern macht die Stille vergessen. Schatten lösen sich in harmlose Äste auf. Oben in den Kiefern zeigt sich der Mond.

Ich lege die Isomatte auf die Holzbank und blicke

über die Brüstung in die Flammen. Gönne mir einen großen Schluck Wodka, um zur Ruhe zu kommen.

Rauskommen, dachte ich lange, sei das Vertauschen von Orten. Man zahlt viel Geld und fliegt weit weg. Man verlässt einen Kontinent, um einen anderen aufzusuchen. Tauscht Stadt gegen Land. Flachland gegen Gebirge. Mallorca, Mauritius, Malediven: mit wenigen Klicks im Internet bin ich da. Doch die schönsten Reisen fordern kein Vertauschen von Orten, sondern ein Vertauschen von Zeiten. Statt Buchungsformularen von EasyJet und AirBnB bietet das Draußensein ungekannte Freiheiten. An Orten, die nicht fremd, sondern ganz in der Nähe sind.

Zugegeben: An einem Samstagnachmittag ist es schwierig, im Wald zu verreisen, wo bald jede Senke, bald jede Biegung bekannt ist, jeder Waldweg von Spaziergängern bewandert. Doch muss man deswegen nicht gleich ins Flugzeug steigen. Es genügt, denselben Ort zu einer anderen Tageszeit aufzusuchen. Es genügt, die Koordinaten des Alltags leicht zu verschieben. Und schon wird das allzu Bekannte allzu fremd.

Beim nächsten Schluck Wodka stelle ich überrascht fest, dass ich den Flachmann beinahe ausgetrunken habe. Mir ist schon ganz warm auf der morschen Holzbank. Das Feuer wärmt zusätzlich. Ich feiere mein Draußensein mit einer einzelnen Zigarette. Inhaliere ihren Rauch, der mir nicht schmeckt. Ich schnüre den Schlafsack enger, fühle mich geborgen darin. Schnippe die Kippe in die Glut. Das Feuer brennt auch ohne mein Zutun herunter. Immer wieder fallen mir die Augen zu. Das Grillen verschiebe ich auf den nächsten Tag.

Und dann erwache ich von dem scheußlichen Bellen der Wildtiere. Es klingt heftig, ganz anders als das Bellen von Hunden, rauer, urtümlicher, würgender.

Wildschweine? Wölfe?

Mein Puls rast.

Der Schatten eines großen Tiers huscht über die Lichtung, verschwindet im Unterholz. Fluchtartiges Hufgetrappel. Zwei weitere Tiere setzen nach, eines links, das andere rechts des Unterstands. Hinter mir bellen weitere Tiere, sie klingen älter, zorniger. Sie halten auf den Unterstand zu, umrunden ihn, folgen einige Meter der Lichtung, verschwinden dann in einer angrenzenden Senke. Bellen von vorn, Bellen von hinten. Auf einmal Aufregung, eine Art Schrei, eines der Tiere scheint in der Böschung gestürzt zu sein. Hastig prescht ein neuer Tierschatten an mir vorbei, ich meine, seinen Windhauch zu spüren.

Ich krame mein Telefon hervor, bediene es mit verfrorenen Fingern. Die Uhrzeit, die auf dem Display aufleuchtet, versetzt mir einen Schlag. Es ist halb eins in der Nacht. Ich hatte gehofft, dass ich diese Stunden verschlafe, in denen die Nacht am leisesten und am finstersten ist, das Feuer aber nicht mehr brennt. Ich bringe das Display zum Leuchten, spiele mit dem Gedanken, zu Hause anzurufen.

Und dann? Wo bist du? Im Wald? Und warum rufst du an? Du fürchtest dich im Dunkeln? Oh.

Nein.

Ein Anruf scheidet in jedem Fall aus. Ohnehin habe ich so gut wie keinen Empfang.

Noch einmal brandet Hufgetrappel auf, erneutes Bellen, nun aber schon etwas ferner, dann verklingen die Hufe, das Bellen, das Keuchen im Wald. Ein letzter Ast bricht, dann ist es still.

Mein Puls aber beruhigt sich nicht. Ich kann nichts dagegen tun. Er prescht genauso voran wie die Tiere.

Aus der Stille ist wieder Beklemmung geworden, aus der Dunkelheit Bedrohung. Ich ruhe nicht, ich lauere, beobachte mich beim Beobachten, so macht das Draußensein keinen Spaß.

Immerhin, die Wildtiere kehren nicht zurück. Ich lausche, bis ich das Blut in der eigenen Ohrmuschel höre. Es ist die schiere Körperlichkeit, um mich herum herrscht schrankenlose Nacht.

Dann, plötzlich, blitzt etwas auf der Lichtung auf, hinter der erloschenen Feuerstelle. Zwei kleine, glänzende Punkte. Ein Fernglas, auf mich gerichtet.

Dann ein knackender Ast. Eine Böe im Kiefernwald über mir. Darüber keine Sterne. Wo einmal Himmel war zwischen den Wipfeln, ist alles nur schwarz.

Und dann begreife ich: Es ist der Fuchs. Es ist sein Augenpaar, das aus dem gegenüberliegenden Hain leuchtet.

Erneut reagiert mein Puls. Ich höre ihn in den eigenen Ohren. Ich weiß nicht, was der Fuchs in mir sieht. Aber dass er mich erneut aufgesucht hat, macht mir bewusst, wie fremd ich an diesem Ort bin. Erst das Bellen. Nun der Fuchs. An Schlaf ist nicht mehr zu denken. Immer wieder vergewissere ich mich der Gegenwart des Fuchses, die beiden Augen glimmen silbern, so hell wie zuvor die Glut.

Dann scheint er näher zu kommen. Das Augenpaar wird größer, ich sehe nun auch seine Silhouette in der Dunkelheit.

Es ist mir zu viel.

Ich gebe auf.

Es wird kein Sonntagsspaziergang werden, dem Trittpfad durch die Nacht zu folgen, aber im Pavillon ist es nicht mehr auszuhalten. Ich falte den Schlafsack in den Rucksack, zwinge mich zu langsamen Bewegungen, um den Fuchs nicht zu erschrecken, das Kochgeschirr lasse ich stehen. Ich klettere über die Brüstung des Unterstands, auf der Seite, die dem Fuchs abgewandt liegt, tappe einige Meter durch die Dunkelheit, schalte dann die Taschenlampe an. Der Lichtkegel bricht sich im Bodennebel, streift über Farne und Ranken, die Fratzen tragen und mich verspotten, das Licht fällt auf eine Kröte, die unbeholfen in Richtung Tümpel tappt. Ich schalte das Licht wieder aus.

Die Kiefern rechts und links rücken näher, scheinen sich herabzubeugen. Ich blicke nicht hinter mich. Der Pfad ist kaum zu erkennen, Schatten allenthalben, die ich nicht zuordnen kann, die sich bewegen. Einige Brombeeren haben ihre Ranken quer vor mein Schienbein getrieben, haken sich in der Jeans fest. Ein langer Strunk, an dem vertrocknete Hagebutten baumeln, schnellt mir ins Gesicht. Im letzten Moment schließe ich die Augen.

Schritt um Schritt folge ich dem Pfad, weitere Kröten springen auf, gehen klackend auf der Blätterhaut des Tümpels nieder, in der Kälte um ihre Behändigkeit gebracht. Endlich biege ich auf den Weg, der aus dem Wald hinausführt. Meine Knie geben immer wieder nach. Es ist ein Zucken, das mir den Rumpf hinaufkriecht, bis in die Arme strahlt. Erst als ich den Waldrand erreiche und auf den freien Acker hinauslaufe, atme ich durch, beruhigt sich mein Puls.

Der Acker ist weit, der Feldweg hell, der Mond von Nebel verhangen. Zwei, drei Kilometer entfernt steht eine Straßenlaterne, nichts als ein gelber Punkt.

Dahinter ein einzelner Hof. Es ist absurd. Ich weiß nicht, wer dort wohnt, aber der alleinige Anblick beruhigt mich, verleiht mir neue Sicherheit. Hinter mir der Wald, vor mir der Acker, klare Luft, Stille. Erst jetzt kann ich mich wirklich einlassen auf das Wunder, draußen zu sein.

Ich lehne mich im Schlafsack gegen eine der Kiefern und weiß, ich bin am Ziel. Im Freien. Frei. Ich beschließe, die Nacht genau hier, am Waldrand, zu verbringen. Mir ist nicht mehr kalt, ich habe die Augen geöffnet, sehe aber nirgendwohin. Ich sehne mich nicht mehr nach dem nächsten Tag, bereue nicht, dass ich den zurückliegenden am Rechner verbracht habe. Ich bin hier. Alle Anspannung ist abgefallen. Es ist der Moment, der süchtig macht.

Die meisten von uns suchen ja irgendetwas. Den richtigen Partner. Einen besseren Job. Den Sinn des Lebens. Ich unterscheide mich da nicht. Selbst wenn ich einmal etwas gefunden habe, ein Adjektiv oder auch nur eine Sense, weiß ich nie, ob es nicht noch etwas Besseres gibt. Jetzt aber, für den Moment, in dem ich draußen bin, habe ich alles gefunden. Die Suche hört auf. Den Ausweitungsmodus lasse ich hinter mir.

Ich sehne mich nicht, plane nichts und will nichts erreichen. Draußen kann ich meine Aussprache im Englischen nicht verbessern, kein Geld verdienen und niemandem einen Projektvorschlag unterbreiten. Draußen genügt es, da zu sein.

Die Zigarette am Feuer, der Wodka auf der Holzbank, das war noch das Abziehbild aus der Outdoorwerbung. Mein Hochgefühl beim Rauchen in etwa so authentisch wie der Marlboro-Mann. Erst der Fuchs und die Flucht durch den Wald haben mich wirklich nach draußen geführt. Nicht zum ersten Mal frage ich mich, warum die Menschheit sich so viel Mühe gegeben hat, mit Tantra, Bhagwan, Zen und Transzendenz. Wo es doch viel einfacher geht.

Stiefel, Parka, Wald.

Das genügt.

Hinter mir ruft kein Kauz in dieser Nacht. Über mir geht kein Stern auf. Ich bin nicht eins mit dem Wald. Ich bin immer noch ich. Aber als der Mond im Laufe der Nacht etwas freier liegt, der Feldweg noch heller beschienen, steige ich aus dem Schlafsack und gehe einige Schritte in das Licht hinein, als zöge mich jemand an unsichtbaren Fäden.

Am Waldrand wache, schlafe, träume ich, mal im Sitzen, mal im Liegen, der Morgen lässt auf sich warten, ist dann ohne Ankündigung da. Ein Schweif Licht am östlichen Ende des Ackers. Noch ohne Farbe. Noch ohne Wärme. Doch mit dem Licht geht ein neuer Raum über dem Acker auf. Milchiger Nebel, der weniger dicht, im Morgendämmer nicht beengend ist. Überfrorene Spinnweben im Gegenlicht. Dann rötet sich der Osten in Minutenschnelle, vorsichtig ragt die obere Rundung des Sonnenballs aus dem Nebel heraus.

Ich schäle mich aus dem Schlafsack und strecke die klammen Glieder, springe ein wenig auf und ab. Ich habe noch nie mit Handschuhen geschlafen, offenbar schützen sie nicht. Eine dicke Wolke weißer Luft dringt aus meinem Schlund, und während Zehen und Finger weiter brennen vor Kälte, kommt vom Herzen her neue Wärme auf.

Dann gehe ich zum Unterstand zurück. Nicht ohne Stolz. Wenn ich auch nicht im Wald übernachtet habe, so doch am Waldrand. Geschafft ist geschafft. Das Licht im Wald wirft keine Schatten, kalt stehen die Kiefern im Morgengrauen. Der Reif auf dem Reisigboden weist Trittsiegel auf, die den Waldweg kreuzen. Hüpfende Geläufe von Amseln oder von Raben, klobigere Hufe, Wildschweine vielleicht, die auf Nahrungssuche durch den Wald gezogen sind.

Natürlich: Wildnis sieht anders aus. Dies ist der märkische Wald, nicht die Wildnis. Hier ist nicht Kanada, nicht Brasilien, nicht der Ural. Der Wald, in dem ich gehe, ist eingehegt und gepflegt. Er verfügt über Abschussfreigaben und Hochsitze, über einen Pavillon und eine Försterei. Er wird gezähmt durch

Waldwege, durch Baumschulen und Holzschlagplätze, und zu Arbeitszeiten durchzieht ihn schon mal eine Wolke Traktorengestank.

In Deutschland ist an Wildnis kaum etwas übrig geblieben. Hier gibt es keinen Urwald, allenfalls ein paar Urwäldchen, den Thüringer, den Bayerischen Wald. Sie klingen nicht recht, diese Namen, zumindest nicht wild, aber das liegt nicht an den Wäldern, das liegt an uns. Wir glauben ja, Deutschland sei zusammenhängend zubetoniert. Doch das stimmt nicht. Die Wildnis liegt vielleicht in der Ferne, die Wunderwelt aber findet sich direkt vor unserer Tür.

Ich biege auf den Trittpfad ab, passiere den Tümpel, an dem in der Nacht die Kröten davonsprangen, bewundere wieder die tapfer gegen den Reif anstrebenden Farne, denen das Grün in den Spitzen wässrig geworden ist wie bei einem zu stark gekühlten Salatkopf.

Dann erreiche ich die Lichtung.

Hier sind es eindeutig Paarhufer, die ihre Spuren hinterlassen haben, keine Wolfstatzen, das sehe sogar ich. Der Austritt der Tiere aus der Böschung, die gehetzte Umrundung des Unterstands, die Flucht über die Senke, alles lässt sich genau nachzeichnen.

Aber wenn es Paarhufer waren, was hat dann so gebellt? Wölfe waren es jedenfalls nicht.

Und der Fuchs?

War ebenfalls keiner.

Was ich nachts für sein glühendes Augenpaar hielt, ist das polierte Metall eines Hydranten gewesen, der gegenüber dem Unterstand zwischen zwei Tannen steht und vor Waldbränden schützen soll.

Im Pavillon steht noch immer mein Kochgeschirr, unberührt. Verlassen in allerhöchster Gefahr. Die Panik lässt sich nicht mehr nachempfinden. Von hier bin ich geflohen? Einem Grillplatz? Im märkischen Wald? Ich habe mich aufgeführt, als hätte ich zwischen Boas und Tigern am Amazonas genächtigt. Ich war ein anderer, in diesem Moment. Aber was hat es hervorgerufen, dieses Gefühl der Gefahr? Ein nächtliches Bellen?

Ein Fuchs?

Nein, im märkischen Wald ist nichts, wovor man Angst haben muss. Angst hatte ich vielmehr vor dem, was nicht da war. Vor dem, was es gar nicht gibt. Nicht draußen, jedenfalls. Ich war noch drinnen, als die Angst aufkam, noch in den alten Geschichten und Filmen gefangen.

Mit kalten Fingern, über die ich nur langsam die Befehlsgewalt wiedererlange, schnüre ich den Rucksack auf, richte den Gaskocher, den löslichen Kaffee, gieße Wasser aus der Blechflasche in den Topf, entzünde mit einem Fauchen den Kocher, trinke bald Kaffee, der hier draußen freier schmeckt.

Ich sitze, trinke, atme.

Vom Osthimmel findet eine Andeutung von Wärme auf den Waldboden herab, eine Ahnung von Licht, sie genügt, den Reif vom Saum des Parkas zu schmelzen. Ich lese Reisig zusammen, schichte es auf, das Feuer zieht besser als in der Nacht. Senkrecht steigt eine schmale Rauchfahne auf, ich nähre mit Totholz, schüre mit harzigen Ästen, die mit kleinen Verpuffungen in den Flammen verglühen.

Dann nehme ich das Paar Thüringer aus dem Einschlagpapier und grille sie auf einem Stein, den ich in die Glut gelegt habe. Ich muss nicht höflich sein, solange sie braten, nichts beantworten, nichts erfragen. Niemandem Rechenschaft ablegen. Ich muss keine Gabel verwenden. Den Tisch nicht abräumen. Die Spülmaschine nicht anstellen. Den Gelben Sack nicht hinausbringen. Ich muss nur in die Flammen schauen. Mehr nicht.

Nahweh ist keineswegs eine Folge von Überdruss. Ich bin nicht zivilisationsmüde. Ich bin froh, dass in diesem Land niemand frieren, niemand hungern muss.

Einst aber hatte ich Vorfahren, die ihre Tiere die Klippen hinunterjagten, um sie dann auf offenem Feuer zu braten. Da will ich nicht wieder hin, aber etwas davon scheint in mir fortzuleben. Es genügt mir nicht, nach einem Tag am Schreibtisch eine Runde joggen zu gehen. Da muss noch mehr sein. Und da ist noch mehr. Überall, ganz nah, draußen.

Solange ich drinnen bin, überlege ich, wie ich auf dem Dorf an schnelleres Internet gelange. Wenn ich aber draußen bin und einem Fuchs begegne, vergesse ich, dass es das Internet überhaupt gibt.

Eine einzelne Ricke nähert sich bis auf zwanzig, dreißig Meter dem Unterstand, die breiten Ohren mir zugewandt. Sie scheint mir zuzunicken, ihr Blick wirkt nicht ängstlich, sondern fürsorglich. In dem Moment stehe ich auf, um einen Stock zum Wenden der Würstchen zu suchen. Die Ricke erschrickt. Sie zuckt zurück, beim Davonspringen hüpft das Hinterteil in die Höhe, sie bellt.

Sie bellt.

Dass ein Reh das kann, wusste ich nicht.

Ich sehe ihr nach, der erhöhten Kruppe über dem Widerrist, dem auf- und abhüpfenden weißen Rücken, bis die Ricke auf den Trittpfad abbiegt und zwischen den Kiefern verschwindet.

Was mich in der Nacht terrorisiert hat, war ein Hydrant und ein halbes Dutzend Rehe. Es ist offenbar noch ein langer Weg zum Draußensein. Ich nehme mir vor, Füchse fortan als Freunde zu sehen. Wildschweine. Rehe. Eulen.

Nächte im Wald.

Vor mir werfen die bratenden Thüringer Blasen auf. Fett tritt aus, zischt in die Glut. Ich wende die Bratwürste mit einem Stock, sehe zu, dass sie rundum Farbe annehmen, ohne schwarz zu werden. Dann nehme ich sie von dem heißen Stein. Es ist Sonntag früh um kurz vor sieben. Ich frühstücke Wodka mit Wurst. Es beginnt leise zu regnen.

So soll es sein.

2. Kapitel

Keine Zäune, keine Grenzen

Der Kiefernwald, in dem ich die Nacht verbracht habe, liegt am Rande des Oderbruchs, einer Landschaft, die man Deutschland nicht zutrauen würde. So viel Freiheit, denkt man, ist allenfalls in Kanada zu erlangen, in Nordnorwegen oder jenseits des Urals. Aber man sollte seine Heimat offenbar nicht unterschätzen. Deutschland als Nation taugt nicht als Sehnsuchtsort, wohl aber seine Ränder, seine Brachen, seine Auen, Lüche und Brüche. Das Oderbruch ist weitgehend frei von Zäunen und Grenzen, von Straßen und Städten, aber auch frei von Erwartungen und Gepflogenheiten, die hier weniger Belang zu haben scheinen. Was andernorts für richtig gehalten wird, zählt nicht so recht, wenn direkt vor einem ein tausend Hektar großes Feld beginnt.

Im Oderbruch ist nichts schön und nichts lieblich. Zum Glück. In deutschen Landen gilt ja folgende Korrelation: Je lieblicher eine Landschaft, umso wichtiger nimmt man dort die Gesetze. Das Oderbruch ist keine badische Weinregion mit gehegten Wanderwegen, keine bayerische Alm, auf der es nicht wundernähme, wenn Heidi und der Ziegenpeter um die Ecke spazierten, es ist eine Art Agrarwüste, in der es sich lohnt, ausnahmslos jedes Wesen auf zwei Beinen zu grüßen, denn es ist gut möglich, dass man bis zum Abend kein weiteres sieht.

Doch nicht nur die Landschaft ist brüsk. Wenn es im Oderbruch heiß ist, dann aber richtig, die Sommer sind kontinental. Wenn es windet, dann aber richtig, über die Weite der Felder, nichts bremst den Wind, nichts lenkt ihn ab. Wenn es friert, dann kommt das ohnehin rare, öffentliche Leben in den Weilern und Dörfern endgültig zum Erliegen, dann fallen die Temperaturen schon mal bis zu zwanzig Grad unter null.

Hier, inmitten der Felder, in einem Weiler am Fuße der Seelower Höhen, steht ein kleiner, im Verfall begriffener Hof, den ich bewohne mit Freundin und Kind. Er besteht vornehmlich aus losen Backsteinen, die zur Wetterseite hin dringend verfugt werden müssen, wenn der Hof nach dem nächsten Winter noch stehen soll. Im Grunde bewohnen wir eine Ruine. Das bereitet viel Freude, da man nichts kaputt machen kann, wenn ohnehin schon alles kaputt ist. An einer Belanglosigkeit wie einem kaputten Haus stört man sich im Oderbruch zum Glück nicht.

Es ist Sonntag. Totale Landstille. Außer dem gleichmäßigen Sirren des Regens ist nichts zu hören. Ich gehe vom Wald zurück nach Hause, über die Eichenallee zum Dorfeingang. In meinen Stiefeln steht das Wasser, meine Haare sind durchweicht. Inzwischen ist das Draußensein ganz schön nass. Dampf steigt aus Gräsern und Gräben. Keine zwanzig Meter vor mir landet ein Storch auf dem Acker, zieht die weiße Larve einer Kohlschnake aus der Erde, bevor er sie im Auffliegen durch zu hastigen Flügelschlag wieder verliert.

Ich erreiche die unbefestigte Dorfstraße, öffne das Hoftor, auf dem der Regen perlt. Die Luft riecht nicht mehr nach Reif, sondern nach schwerer Erde. Sie ist diese entscheidenden paar Grad zu warm, um einfach ins Haus zu gehen. Ein Rotkehlchen ruft vom Grundstücksende. Schwer vom Regen hängen die Spinnweben unterm Schuppendach, und dann, ausgebreitet vor der Bank unterm Birnbaum, beginnt die endlose Weite des jungen Rapses, von ersten Blüten durchzogen. Ich lehne mich gegen den Birnbaum, spüre die grobe Würfelborke durch die Regenjacke und blicke zwischen eingerollten Blattknospen hindurch in die Weite.

Der Sehmuskel lässt locker.

Die Weite entspannt.

Im Westen die Seelower Höhen, im Osten bis an die Oder nichts als flaches Land, darüber schräg niedergehender Regen.

Auf dem Aussiedlerhof, der einsam im Raps liegt, hackt der Cousin meines Nachbarn einige Holzscheite durch. Die Schläge klingen schon anders, nicht mehr kurz und kalt wie im Winter, sondern breiter und satter, wenn auch vom Regen gedämpft.

– Wenn dit so weiter plätschert, könn' wa wieder mit'em Kahn zum Einkoofen fahr'n!

Mein märkischer Nachbar. Der einzige in hundert Metern Entfernung. Ein Meter neunzig groß. Latzhosenträger. Stumpenraucher. Von Toren, Türen und Klingeln hält er nicht viel. Lieber schleicht er sich direkt über Feld und Wiese, am Graben vorbei, auf meinen Hof. Im Ölzeug stellt er sich neben mich unter den Birnbaum.

Sein etwas rätselhafter Satz bezieht sich darauf, dass Friedrich II. das Oderbruch erst vor gut zweihundertfünfzig Jahren trockenlegen ließ. Auch unser eigenes Dorf gab es davor noch nicht. Nur einige Bruchdörfer existierten vor der Trockenlegung, von Wällen umgeben, und in der Tat besuchte man sich nicht zu Fuß, sondern per Nachen und Kahn. Der Fischfang war so reichhaltig, dass manche Fische als Kien geschnitten und als Anzündhilfe verwendet wurden.

Vor gut zwanzig Jahren brach an mehreren Stellen der Damm, und die Oder hätte beinahe das ganze Bruch geflutet. Matthias Platzeck verdingte sich damals stilbildend als Deichgraf: Gummistiefel, Jeans, Arbeitshemd. (Vier Jahre später, beim Hochwasser an der Elbe, machte ihm Gerhard Schröder das nach und gewann so die Bundestagswahl.) Letztlich lief das Oderbruch aber doch nicht voll; mit dem Kahn zum Einkaufen fahren musste mein märkischer Nachbar damals wohl kaum.

– Und sonst?, fragt er. Deene Olle? Habt ihr euch endlich jetrennt?

Das ist so der übliche Umgangston hier draußen. Der Satz bedeutet in etwa: Wie geht's deiner Freundin? Grüß sie doch mal von mir! Nur weil er weiß, dass er sich um meine Beziehung keine Sorgen machen muss, verfällt mein märkischer Nachbar in diesen Ton. Gäbe es tatsächlich Anzeichen, dass etwas nicht stimmte, würde der Satz niemals fallen. Meinem märkischen Nachbarn lasse ich die Ironie gern durchgehen. Seine Ironie ist ruppig, will aber niemals verletzen. Sie nimmt auf den Arm, umarmt im selben Moment aber auch.

Die Ironie, die mir dagegen als Jugendlichem in Süddeutschland begegnete, war eine spitze, manchmal gehässige, eine, die den anderen herabsetzte.

Angeblich legen viele ältere Ostdeutsche deswegen eine so schöne Ironie an den Tag, weil sie als Jugendliche und junge Erwachsene gelegentlich etwas anderes sagen mussten, als sie sagen wollten. In der

Schule. Bei der Arbeit. Hätten sie gesagt, was sie sagen wollten, hätte das unter Umständen dem Parteisekretär nicht gefallen, heißt es.

Wahrscheinlich ist das alles Unsinn.

Aber woher auch immer sie stammt, die Ironie meines Nachbarn, sie gefällt mir.

Er nimmt den Blick von der nassen Weite vor uns, dem klammen Nichts, und sieht mich von der Seite an. Ich merke, dass er eine neue Spitze gegen mich vorbereitet. Ein Zucken um seine Mundwinkel verrät es.

– Wie lang stehst'n schon hier? Schon eins mit allem jeworden?

Er darf das.

Aber wirklich nur er.

Das Oderbruch hilft mir, mich von der anderen, der coolen, der distanzierten, der herabsetzenden Ironie zu verabschieden. Auch das habe ich mir vorgenommen für das Jahr, das vor mir liegt. Ich möchte möglichst oft draußen sein. Im Freien. So vielen Zwängen wie möglich enthoben. Frei. Doch um es wirklich an mich heranzulassen, das Draußensein, um es mit allen Sinnen aufzunehmen, um mich ihm hinzugeben, ihm zu verfallen, es zu feiern, bedarf es noch einer anderen Übung. Ich werde alle Coolness, alle Ironie hinter mir lassen müssen.

Als ich noch nicht im Oderbruch lebte, habe ich

viel Kraft aufgewendet, drinnen zu sein. Kleidung, Musik, die Art, wie ich redete, all das schien mir wichtig. Über welche Witze ich lachte, und wie ich über sie lachte. Dass die Menschen, die mich umgaben, über dieselben Witze lachten. Auch das schien mir wichtig. Denn ich wollte nicht raus, sondern dazugehören. Mit dem Dazugehören habe ich einen beachtlichen Teil meiner Lebenszeit verbracht. Sinnlose Stunden, in denen ich mich und die anderen deckungsgleich zu bringen versuchte. Durch die richtige Getränkewahl. Die Wahl richtiger Themen. Die Sorge um jede Menge anderer Richtigkeiten.

Hier draußen muss ich endlich nicht mehr richtig sein. Und nicht damit beschäftigt, mir das Leben vom Leib zu halten. Wenn ich dafür verlacht werde, nehme ich das schon mal in Kauf. Ich will nicht cool sein. Sondern lieber leben.

Über Widerstände gegen das Draußensein sehe ich konsequent hinweg. Es ist niemals zu pathetisch und niemals zu peinlich, niemals zu romantisch und niemals zu rührselig, niemals zu schmalzig und niemals zu sentimental. Draußensein schert sich nicht um derlei Kategorien. Es ist zu elementar und zu grundlegend, es entstammt einem Kosmos, der schon immer da war, der jeder Bewertung enthoben ist.

Wenn ich drinnen bin, verkümmern mir die Sinne unter der Hand. Drinnen gebe ich nicht zu, dass ich gerührt bin, gebe ich meine Überraschung nicht preis, geize ich mit Komplimenten. Ich lege mich nicht fest, sondern halte mir offen, bejahe nicht, sondern schränke ein, äußere keine Meinung, sondern Zweifel. Wenn ich drinnen bin, bin ich nur zur Hälfte am Leben; die Welt bleibt auf Abstand.

Wenn ich draußen bin, lege ich mich dagegen fest. Verpflichte ich mich. Viele Möglichkeiten fallen weg. Ich kann nicht mehr täglich neue Meinungen anprobieren wie neue Kleider, ich kann nicht mehr täglich eine neue Haltung innehaben. Ich bin auf einmal, wer ich gestern schon war. Ich werde greifbar. Entwinde mich nicht mehr.

Ich will draußen sein? Mich berühren lassen? Mehr leben? Das geht nur, wenn ich aufhöre, cool zu sein. Und es gibt wenig, was lohnender ist. Ich will mich begeistern, nicht raushalten, ich will erleben, nicht auf Distanz gehen, ich will staunen, nicht stylen, mich einbringen, mich festlegen, mich angreifbar machen, für einen Moment auch mal romantisch sein.

Mein märkischer Nachbar hat mir hierbei Nachhilfe gegeben. Müßig zu sagen, dass er auf Dazugehörigkeiten aller Art keinen Wert legt. Seine Kleidung zum Beispiel dient ausschließlich dazu, nicht unbekleidet zu sein. Seine Baumwollhemden sind im Sommer ein wenig warm und im Winter ein wenig kalt. Na und? Viel mehr Kleidungsstücke als Latzhose und Baumwollhemden besitzt mein märkischer Nachbar nicht.

Meine Nachhilfe begann mit Orgelmusik. Es war Sommer, das Fenster zur Dorfstraße stand offen. Ich hörte einen Nachrichtensender, der in einer Gesprächspause Orgelmusik spielte. Kirchlich. Salbungsvoll. Durchaus schön. Doch dann kam mein märkischer Nachbar die Dorfstraße entlangspaziert. Ich stürmte zum Radio. Wollte es ausstellen. Nicht auszudenken, wenn mein Nachbar glaubte, ich hörte Orgelmusik. Einer, der am Radio sitzt und Orgelmusik hört, wollte ich nicht sein. Menschen, die Orgelmusik hören, schienen mir eher bedenklich.

Noch bevor ich den Sender gewechselt hatte, stand mein märkischer Nachbar vor meinem Fenster, kniff die Augen zu und legte den Kopf schief. Zu spät. Das würde ich mir bis an mein Lebensende anhören müssen.

Doch weit gefehlt.

– Nüscht janz meins, wenn de mir fragst. Aber wie hat's schon der olle Fritz jesagt: jeder nach seiner Façon!

Er lachte.

Und ich war beschämt. Warum um alles in der Welt war es mir wichtig, ob mein Nachbar glaubte, ich hörte Orgelmusik? Woher kam dieser Zwang, mich anzupassen? Ängstlich zu sein? Analytisch? Verklemmt? Und warum bedeutete es so viel Arbeit, das nicht zu sein? Sondern spontan. Begeisterungsfähig. Selbstbestimmt.

Im Freien sein. Draußen sein. Das meint beides: das Verlassen der eigenen vier Wände, aber auch eine Art innerer Leichtigkeit. Eine positive Gedankenlosigkeit, die nicht mit Gleichgültigkeit zu verwechseln ist. Eine Zufriedenheit, ein plötzliches Einverständnis. Aber auch eine erhöhte Sensibilität, einen drahtlosen Zugang zur Welt, der sich nicht erzwingen lässt. Nur im Freien gelingt es mir, nicht zu denken. Und andersherum: Nur wenn ich nicht denke, bin ich im Freien.

Es ist mir nicht gleichgültig, was mein Nachbar von mir denkt. Im Gegenteil. Wir halten uns hier draußen, weitab von Polizeiwache, Krankenhaus und Supermarkt, gegenseitig am Leben. Aber ob ich die falsche Jacke trage oder das falsche Smartphone besitze, zur falschen Zeit aufstehe oder zur falschen Zeit ins Bett gehe, ob ich minutenlang hypnotisiert auf das Feld blicke und einen ironischen Spruch dafür bekomme, das ist hier draußen bedeutungslos geworden.

Peinlich? Pathetisch?

Ist doch einerlei.

Alles eins.

3. Kapitel

Im Gleisbett nach Osten

Die Frau im Wartehäuschen ist alt, ihre Mütze verschlissen, ihr Trinkarm zittert, wenn sie sich die Flasche an den Mund führt. Die Bahnhofslaterne leuchtet ihr seltsame Quaddeln und Falten ins Gesicht. Ich sehe sie, bevor sie mich sieht. Ich stehe unten im Gleisbett, im Schotter. Die Bahnsteigkante verläuft auf Höhe meiner Brust. Rund um den Bahnsteig lastet die Dunkelheit. Die Frau wischt sich über die Augen, als glaube sie ihren Sinnen nicht.

Ein Mann, der auf dem Gleis geht?

Mitten in der Nacht?

Früher am Abend weiß ich noch nichts von unserer Begegnung. Aber ich bin in einer Stimmung, in der ich alles für möglich halte, in dieser Nacht. Wind kommt auf, schiebt mich sachte das Gleis entlang. Ein Wind, der nur in der Nacht seine Kraft entfaltet, denn am nächsten Morgen, wenn wieder Züge rollen, wenn wieder Menschen sprechen, ist der Wind noch zu schwach, noch zu kühl, um ein Gefühl von Frühling herbeizuwehen.

Der Wind fährt mir in den Rücken, feucht und warm, macht mir eine Gänsehaut unter dem Parka, erzeugt ein Nahweh, das kaum zu ertragen ist, selbst hier auf den Bahnschwellen, selbst dann, wenn ich auf dem Weg nach draußen bin. Unter meinen Sohlen klackt der Schotter zwischen den Schwellen. Das Gleis verläuft in einer geraden Linie von Berlin an die Oder, es liegt leer vor mir in der Nacht, und ich folge ihm nach Osten und will zu denken aufhören, was wie immer, wenn ich das möchte, misslingt.

Bewusstsein. Gedanken. Verstand. Es ist kein Geschenk, was einen vom Tierreich abgrenzt. Und es gibt nur wenige Möglichkeiten, sich dieser Last zu entledigen. Man kann Alkohol trinken. Man kann Hochleistungssport betreiben. Man kann seine Arbeit so sehr lieben, dass man sich in ihr verliert. Man kann mit seiner Freundin schlafen. Man kann Drogen einnehmen. Wenn das alles nicht hilft, kann man aber auch in einer Aprilnacht um halb eins auf die Gleise gehen.

Ein Fasan schreckt auf, stiebt mit nölendem Schnattern und laut hörbarem Aufschlagen der Flügelenden aus einem Haselnussstrauch. Reißt einige herabhängende Blütenkolben von den Ästen. Fliegt tief, wie durch einen Tunnel. Schlägt frenetisch mit den Flügeln, bis er sich von den letzten Ranken befreit, einen Moment über dem Gleis verharrt, als wolle er den Eindringling in sein Revier noch einmal sichten. Dann stößt er weitere Schreie hervor und flattert über den Damm in die Weite hinaus.

Vor meiner Gleiswanderung lag ich völlig erschlagen vor dem Computer, auf dem eine Politserie lief. Gute Unterhaltung, aber eben nur das: Unterhaltung. Nur Leben auf dem Bildschirm. Kein echtes Leben. Nichts, was man anfassen kann. Nichts, was kalt ist oder windig oder gut riecht. Der Unterschied zwischen Arbeit und Freizeit bestand vor allem darin, dass ich aus einem anderen Winkel auf denselben Bildschirm blickte.

Drinnen, auf dem Rechner, liefen gedrechselte Dialoge, während draußen, in der Bruchlandschaft, die Sonne unterging. Das Schuppendach erstrahlte so rot im Abendlicht, als würde es eigens ausgeleuchtet. Darüber ein dramatischer Himmel aus violetten Wolkenbändern und stahlblauem Horizont. Beinahe plastisch die Tiefe der Luft, als könne man hineingreifen, wie in ein Diorama.

Mit dem Schatten, der das Schuppendach immer höher hinaufkroch, wurde der Abend zur Nacht, das Dorf regelte seinen Puls herab, atmete vorsichtig durch. Ich aber stahl mich vom Sofa. Gab dem Druck nach. Der Präsident der Vereinigten Staaten beging seine nächste Intrige ohne mich. Ich schnürte die Stiefel, zog meine Windjacke über und verließ den Hof.

Mit dem Licht waren die Farben aus dem Abend gewichen, der Geruch der Birnbaumblüte durchdringend, fast streng. Blassrote Staubbeutel in geöffneten Kronblättern, welche die Feuchtigkeit der Nacht aufsogen, den Tau sammelten. Auch das Gras roch stärker seit Einbruch der Nacht, erdig und nass.

Doch so leicht ließ sich das Nahweh nicht befriedigen. Etwas Größeres musste her. Eine Expedition. Ein Experiment. Ich ging aus dem Dorf hinaus, in östlicher Richtung. Zum Bahnsteig? Gute Idee. Zuerst wollte ich das Gleis nur queren und über die angrenzende Böschung ins Rapsfeld steigen. Doch dann schaute ich aufs Gleis. Und das Gleis schaute zurück. Und da war er, der neue Plan.

Das ist das Schöne am Draußensein: Es ist jederzeit möglich. Spät in der Nacht, aber auch nach der Arbeit, auf dem Nachhauseweg. In einiger Entfernung, aber auch gleich am heimischen Bahnsteig. Es ist niemals zu spät und niemals zu dunkel, um draußen zu sein, niemals zu einsam und niemals zu kalt. Zu betreuende Kinder? Nimmt man kurzerhand mit. Zu wälzenden Kummer? Lässt man einfach zurück. Besonders praktisch aber: Draußensein kostet kein Geld. Nicht im Sinne von Schnäppchen, all inclusive und Sonderangebot, sondern im Sinne von: nicht einen einzigen Cent.

Ich habe das Gleis für mich allein. Die letzte Regionalbahn, die das Dorf im Oderbruch mit der Stadt verbindet, fährt um 23 Uhr 37. Und um 4 Uhr 37 fährt die erste des neuen Tages. Neben dem Gleis kämpfen sich junge Weidentriebe unter Totholz hindurch, nasses Laub ist zu einer schwer durchdringbaren Schicht geworden, und doch treiben erste Dornenranken und an den Rändern aufgerollte Farnblätter hervor.

Die Strecke ist nicht elektrifiziert, der Damm mutet roh an, historisch, als stünde die Urbarmachung des Ostens noch bevor. Als wäre das Oderbruch erst frisch erschlossen und das Gleis der äußerste Vorposten der Zivilisation. Das Signal vor mir steht auf Rot. Ich gehe weiter. Lasse den Bahnsteig hinter mir, das Licht der Laternen, das auf die rostigen Gleise fällt und nur auf ihrer glattgeschliffenen Oberseite zurückgespiegelt wird.

Es ist ein sanfter Übergang in die Dunkelheit, der Schienenstrang verschwindet einige Meter vor mir in der Nacht. Das Gleis ist auf alte Art geschottert, beim Auftreten bleibe ich immer wieder im Kies stecken, kicke Steine vor mir her, rutsche mit einem Schnappen der Schuhsohle von der nächsten Schwelle. Die Abstände zwischen den Bahnschwellen sind überraschend kurz, ich hätte gedacht, ich müsste weit ausschreiten, stattdessen mache ich nun ungelenk kurze Schritte.

Ich untersuche das Gleisbett auf Spuren der Menschen, die hier tagsüber vorbeirasen. Doch nichts. Nicht einmal Kronkorken, nicht einmal Zigarettenschachteln. Die Züge haben keine Schiebefenster mehr, nicht mehr dieses schöne Piktogramm, man möge seine Flaschen bitte nicht aus dem Fenster werfen. Als ich klein war, gab es in den Bordtoiletten eine Klappe, die sich beim Spülen öffnete und durch die man eine irritierende Sekunde lang das Gleisbett unter einem hindurchrasen sah. Zum Glück wurde dieses Prinzip durch schnorchelnde Hydraulik ersetzt. Das Gleis ist sauber. Ich gehe sicher. Auch Nachtzüge fahren hier nicht.

Der letzte Nachtzug auf der Ostbahn fuhr von Berlin über Warschau nach Kaliningrad. Vor wenigen Jahren wurde er eingestellt. Ich finde das schade. Die Ortlosigkeit einer nächtlichen Zugfahrt gefällt mir, ist eine der wenigen Möglichkeiten, draußen zu sein, ohne der Zivilisation den Rücken zu kehren. Sich aufzulösen, ohne verlorenzugehen. Der Zug übernimmt die Richtung, für eine Nacht.

Wer gerade nicht weiterweiß, Entscheidungen gerade nicht meistert, kann im Nachtzug das Steuer übergeben, wird abgebremst und abgekoppelt, wird angeschoben und auf Nachtbahnhöfe geschickt. Nur wer im falschen Kurswagen sitzt, landet schon mal in Prag und nicht in Berlin. Doch die Schaffner notieren Weckzeiten und weisen Plätze zu, lassen einen niemals allein. Wer Nachtzug fährt, verdient besonderen Schutz.

Am Morgen dann, wenn man viel zu früh an der Zugtür steht und nicht einmal Vororte zu sehen sind, naht der Moment, in dem man das Steuer wieder selbst übernehmen muss. Statt Nebel über den Auen und Signallichtern in den Kurven sieht man fast immer sich selbst, gerahmt von pastellfarbenem Plastik. Hält man kurz vor dem Zielbahnhof nochmals auf offener Strecke, kreisen die Gedanken im Leerlauf, und fährt man wieder an, brächte man sie gerne zum Stehen.

Dass ich nachts auf dem Gleis gehe, ist nicht meine Schuld. Wenn die Nachtzüge abgeschafft werden, muss ich eben selbst zum Nachtzug werden. Und ich fahre nach Osten, und ich fahre auf schnurgeradem Gleis. Immer wieder bleibe ich an der Kante der nächsten Schwelle hängen, rutsche auf den Schotter zurück. Irgendwann gebe ich auf und laufe auf dem Kabelschacht, der das Gleis säumt. Mit dem Wechsel auf den Kabelschacht komme ich zwar schneller voran, aber es kommt mir auch die innere Symmetrie abhanden. Ich gehe rechtslastig. Aus irgendeinem Grund lenkt mich das ab.

Und dann begreife ich, was der Fehler war. Ich wollte dem Gleis meine Geschwindigkeit aufdrücken. War zu schnell gegangen. Dabei habe ich weder Eile noch Ziel. Ich steige zurück aufs Gleis und übe mich darin, langsamer zu gehen. Ich muss es tatsächlich üben. Kürzere Schritte. Weniger schwungvolles Ausschreiten. Langsam, immer langsam. Und schon fügen sich meine Schritte in die kurzen Abstände der Schwellen. Ich komme mir nicht mehr albern vor in dem kurzen Trippelrhythmus, sondern gemächlich. Ich gehe wieder in der Mitte. Das Gleis genau vor mir, kompassnadelgenau nach Osten ausgerichtet.

Es ist ein ungewohntes Gefühl, die ganze Nacht zur eigenen Verfügung zu haben, sie nicht mit der Arbeit, nicht mit der Familie, nicht mit der Stadt zu teilen. Es ist eine Freiheit, die sonst nicht vorgesehen ist im Leben. Eine Freiheit, dachte ich lange, die nur zu erlangen ist, indem man der Gesellschaft für immer den Rücken kehrt, alle Bindungen kappt, nach Kanada geht, für immer im Wald verschwindet.

Doch das stimmt nicht.

Während das Aussteigen der komplette Bruch mit der Gesellschaft ist, ist das Draußensein ein Ausstieg auf Zeit. Ein Ausstieg mit Rückkehrversicherung. Ein Ausstieg, der einen davor bewahrt durchzudrehen, der das eigene System wieder auf null setzt, die Lungen wieder frei macht und die Ganglien auch. Das Draußensein ist die Versicherung, dass ich Familienvater bleibe, nicht Amokläufer werde, dass ich Montag früh wieder Geld verdiene, so es der Weltgeist will.

Draußensein sprengt den Alltag und lässt sich doch problemlos in ihn integrieren. Denn Draußensein ist äußerst genügsam. Strand oder Dorfstraße? Beides ist gut. Auch Zeit benötigt das Draußensein kaum. Zur Not reicht sogar die Mittagspause. Oder das, was nach diesen langen Arbeitstagen, an denen es morgens noch dunkel ist und abends schon wieder, noch übrig bleibt. Draußensein wird damit zur passenden Exit-Strategie für alle, die rauswollen ohne auszusteigen. Im Freien sein. Frei sein. Luft einatmen. Hirn abschalten. Möglichst oft. Möglichst sofort. Schon manches Problem hat sich dabei im Wortsinne in Luft aufgelöst.

Der Wind schiebt mich weiter voran, diese unsichtbare Hand in meinem Rücken. Nur selten noch klackt unter meinen Sohlen ein Kiesel davon, kullert das Gleisbett herab, landet geräuschlos im Gras. Meist treffe ich nun die Schwellen. Die Weiden, die den Damm flankieren, sehen aus wie schwarze, langfingrige Greise, denen die Köpfe im Herbst gestutzt wurden und aus denen es nun wieder treibt. Sie tragen weiche Blütenkätzchen, auf denen das Wasser perlt, ich ziehe eines der Kätzchen zu mir, pflücke den nassen Pelz.

Bald dünnen sie aus, diese Greise, die Lücken zwischen den Stämmen vergrößern sich. Und dann habe ich endlich freie Sicht in die Weite des Bruchs, rechts und links nichts als Felder im silbergrauen Licht der Nacht. Der Mond ist nicht zu sehen, scheint nicht direkt, und doch leuchtet die Saat unter den Wolken, der Raps nun in voller Blüte, ein säuerlich riechendes Meer aus nachtweißen Blättern.

Dieses Jahr also Raps. Raps bedeutet eine frühe, psychedelisch gelbe Blüte Ende April, grüne Samenschoten, die ab Juni vergilben und welken – und monatelang ein penetranter Kohlgeruch in der Luft. Früher belieferte das Oderbruch die Hauptstadt der Deutschen Demokratischen Republik mit Möhren, Gurken, Tomaten, Erbsen, Petersilie, Zwiebeln, Kohl, Sellerie, Spinat, Fenchel, Schnittlauch, Dill. Heute bezieht Berlin sein Gemüse vornehmlich aus Spanien, und im Bruch wachsen neben Getreide nur noch Energieträger wie Raps und Mais.

Das Gleis verläuft ohne jede Biegung nach Osten, und ich folge ihm und erlebe ein vollkommenes Gleichmaß der Bewegung. Nichts schmerzt und nichts drückt. Die Sohle findet ihren Halt. Es ist, als würde ich von alleine gehen, vom Westwind geschoben. Als wäre es keine Willensentscheidung, als ginge mein Körper aus sich selbst heraus. Das Gehen auf dem Gleis in der Nacht, es ist nicht anstrengender als zu atmen.

Und ich habe es geschafft, bin draußen. Lasse es zu, das Draußensein. Lasse es an mich heran. Halte es nicht auf Abstand. Deute nicht. Beurteile nicht. Verlache nicht. Stelle mich. Öffne mich. Noch eine Schwelle, und noch eine Schwelle. Und die Nacht ist nichts als Stille, als raumverheißende Weite, als Luft und Bewegung und freier, nachtheller Horizont.

Das Glück währt nicht lang. Ein Verkehrsflugzeug haut mich raus. Dabei fliegt es unhörbar auf seinen zehntausend Metern Höhe. Doch die Assoziationskette beginnt. Einst flogen andere Maschinen über das Bruch. Die Ebene, auf die ich blicke, ist blutgetränkt, steckt voller Knochen und Munitionsreste. Bilder aus Geschichtsbüchern blenden sich ein, Kämpfe, Kanonen, Kompanien. Ich muss mich zwingen, wieder hinzusehen, die Nacht wieder anzunehmen.

Dreißig Meter vor mir kauert eine Gruppe Rehe im Raps. Doch ich bin so weit von meinem Ziel entfernt, dass ich sie zähle. Numerisch. Im Dezimalsystem. Vier Böcke. Sechs Ricken. Als wäre ihre Anzahl von irgendeiner Bedeutung. Es wirkt, als würden sie schlafen, durch nur wenige Raummeter Erde von den Trümmern alter Flugabwehrkanonen getrennt. Am Südende der Ebene: der Seelower Höhenzug. Die Oderhänge. Ein Band dunkler Weidenbüsche und Robinien, das die Anhöhe hinaufkriecht. An ihrem Ende der Reitweiner Sporn, von dem aus General Schukow den Untergang eines Reiches besiegelte, die Befreiung eines Volkes.

Ich muss genauer hinsehen, wenn ich nicht nachdenken will. Ich bin nicht auf Spurensuche, sondern auf der Suche nach Gegenwart. Nach Unmittelbarkeit. Nach Wirklichkeit, falls es so etwas gibt.

Das Licht des Mondes gewährt nun eine Momentaufnahme. Das schwarze Gleis ohne Oberleitung. Nördlich und südlich silberner Raps bis an den Oderdamm, im Winkel angelegte Entwässerungsgräben. Die Rehe ruckeln sich wach, heben die Hälse, wittern, haben mich entdeckt oder gerochen, ich bleibe stehen, und erst mit dem Stillstand spüre ich die Bewegung im Gleis.

Ein leichtes Surren, ein schwaches Vibrieren, dann singt es, die Rehe haben nicht mich, sie haben den Zug gehört.

Ich bücke mich ins Gleisbett hinab, halte das Ohr auf den Schienenstrang. Im Eisen heult der Hall nahender Zugachsen, unter meiner Hand ist die Schwingung nun deutlich zu spüren.

Was ist das?

Ein Zeitloch?

Schon 4.37 in der Frühe?

Ich starre nach Westen, nach Osten. Kein Zug, nirgends. Einen Moment lang glaube ich an ein

Erdbeben. Sehe schon die Schlagzeile: Erdbeben im Oderbruch. Keine Verletzten, kein Schaden. Dann aber sehe ich etwas ganz anderes: die drei Leuchten einer Diesellok. Am Westhimmel. Noch mehrere Kilometer entfernt. Ich steige vom Gleis, bahne mir einige Meter durchs nasse Gras, ducke mich, um den Lokführer nicht zu erschrecken, sehe durch die nachtgrauen Rispengräser auf den Damm.

Der Zug holt auf, die Schienen singen immer lauter, bis sich das Poltern der Zugachsen darüberlegt. Kupplungsknirschen. Räderklacken. Gleiswechsel. Hier in der Nacht, in der Dunkelheit, erinnert die Lok an das Ungeheuer, das die Menschen einst darin sahen, Dieselqualm steigt aus dem Schlot, eine Lok wie aus dem Eisenbahnmuseum, dahinter rostfarbene Loren. Der Lärm ist lauter als jede Zugdurchfahrt am Bahnsteig, keine Durchsage warnt im Voraus, das Poltern schmerzt in den nachtoffenen Ohren.

Zwölf, dreizehn, vierzehn Loren, dann reißt der Zug ab, die letzte Lore fährt mit roten Leuchten vor mir nach Osten davon, in die Stille hinein. Zurück bleibt eine muffige Wolke aus warmem Dieselgestank.

Ich klettere auf den Kabelschacht und von dort zurück ins Gleis. Vor mir werden die beiden roten Lichter kleiner und verschwinden, doch ich finde nicht zurück in das zeitlose Gehen, stolpere wieder über die Kanten der Schwellen, kicke versehentlich Schotter ins Gras.

Was hat mich zurückgeworfen? Das unerwartete Ereignis? Ein Zug? Der schiere Lärm? Oder das Unvermögen, ein Ereignis einfach geschehen zu lassen? Nicht weiter darüber nachzudenken? Doch zu spät: Nun denke ich schon darüber nach, warum ich darüber nachdenke. Wie finde ich zurück ins Freie?

Weitergehen. Immer weiter.

Bald erkenne ich die gelben Lichter des nächsten Bahnhofs. Sie blenden, meine Pupillen sind geweitet von den Kilometern in der Nacht. Die Signalanlagen werden dichter, Kilometersteine zeigen unverständliche Entfernungen an, Bahnhieroglyphen, für mich nicht lesbar. Dann hebt sich das Gleis im Kegel der Bahnsteiglaternen aus der Nacht.

Ich bin noch nie in einen Bahnhof eingelaufen, es hat etwas Trotziges, etwas Kindliches, aber ich bin auch froh über die Ankunft, nun, da der Regen stärker einsetzt, die Böen mich in Rucken vor sich hertreiben. Das Bahnhofsschild zeigt den Namen der kleinen Stadt bereits unter einem Film Regenwasser an. Von einem Bahnhof zu sprechen ist großzügig. Es ist ein einzelner Bahnsteig. Ein einzelnes Wartehäuschen. Eine einzige gelbe Abfahrtstafel, in einem Kleinformat, das man nur auf Provinzbahnhöfen findet.

Dann sehe ich die Frau.

Sie ist alt, sitzt im Wartehäuschen, zu ihren Füßen eine Flasche Wein. Sie beobachtet, wie ich an ihr im Gleis vorbeigehe, ich reiche etwa ab der Brust über die Bahnsteigkante hinaus, was ein seltsames Bild abgeben muss. Sie scheint unsicher, ob sie ihren Sinnen glauben, ihre Sichtung dem Wein zuschreiben soll, sie verfolgt mich mit Blicken, grüßt aber nicht.

– Guten Abend, sage ich.

Da winkt sie mich aus dem Gleis. Nicht wie eine Bahnhofsvorsteherin, nicht im Namen der Ordnungsmacht, sondern einladend. Sie zeigt auf die Flasche Wein. Ich zögere. Verspüre wenig Lust auf Gesellschaft, wenig Lust auf einen Flaschenhals, aus dem die Frau bereits getrunken hat. Doch sie winkt so bestimmt, dass ich fürchte, sie aufzubringen, wenn ich ablehne. Ich halte mich an der Bahnsteigkante fest, auf der noch der Streusand des letzten Winters liegt, nun vom Regen nassgespült, und ziehe mich mit einer Flanke aus dem Gleis.

Die Frau sieht nicht aus, als wäre es ihre erste Nacht, die sie weintrinkend hier auf dem Bahnsteig verbringt. Strähniges Haar unter den Resten einer Pudelmütze, Plastikjacke, lederne Wangen, die Stoffschuhe aber glänzend, wie neu.

– Du bist gerade noch pünktlich, sagt sie. Eine Polin. Perfektes Deutsch. Starker Akzent.

– Was?

– Die Flasche ist schon fast leer.

Sie reicht sie herüber. Ohne zu lächeln. Ich tue nur so, als ob ich trinke, doch das merkt sie sofort. Sie fordert mich nicht auf, richtig zu trinken, ist aber enttäuscht. Sie greift nach ihrem Handy, tippt wahllos auf dem Display herum.

– Was machst du da in dem Gleis?, fragt sie, ohne den Blick vom Display zu nehmen. Ihre Stimme ist tief und gelassen, was nicht recht zu dem fahrigen Äußeren zu passen scheint.

– Ich musste einfach mal raus, sage ich.

Sie lacht nun doch.

– Das ist gut. Das musste ich auch!

– Und, geschafft?, frage ich.

– Rauszukommen? Nein. Ich bleibe eingesperrt.

Sie tippt gegen ihren Kopf. Dann sagt sie nichts mehr, und ich merke schnell, dass ihr Schweigen anhalten wird. Ich stehe auf und steige wieder ins Gleis.

Im Gehen versuche ich, der Frau keine Geschichte anzudichten. Mich nicht zu fragen, worin sie eingesperrt ist. Ich versuche, mich auf den gelben Widerschein der Bahnhofslaternen auf dem nassen Gleis zu konzentrieren, auf den Wind, der wieder nachgelassen hat, auf die feuchte Luft, die klar in den Rachen strömt.

Ich will nicht denken.

Natürlich gelingt es nicht.

Natürlich denke ich mir eine Geschichte nach der anderen aus. Es gibt drei Arten von Verlust, die ein Leben garantiert ins Unglück stoßen, heißt es. Verlust eines Kindes, Verlust des Partners, Verlust der eigenen Gesundheit. Die Frau wirkte nicht wie jemand, dessen Alkoholkonsum das Problem darstellt. Eher die Folge eines Problems. Ob sie von ihrem Mann verlassen wurde? Und seither Nacht für Nacht am Bahnsteig sitzt und Rotwein trinkt und dennoch nicht mehr nach draußen kommt?

Ich glaube nicht, dass er sie betrogen hat, ich weiß nicht, ob so etwas in ihrem Alter noch eine große Rolle spielt. Ich glaube, dass er einfach abgehauen ist. Nach Berlin. Und sie macht sich nun Nacht für Nacht zu ihm auf den Weg. Wird aber von der Schaffnerin des letzten Zugs vor die Tür gesetzt, weil sie keine Fahrkarte hat. Verbringt die Nacht am Gleis, bis zum ersten Morgenzug.

Ich versuche, mich wieder auf die Schienen, die Weiden, die Weite einzulassen. Atmen und Gehen in Einklang zu bringen. Mich und die Nacht in Einklang zu bringen. Ich habe eine Frau gesehen, die auf einem Bahnsteig Wein getrunken hat. Aber werde ich ihr gerecht, wenn ich eine sentimentale Geschichte daraus spinne? Nacht. Wein. Bahnsteig. Auch wenn das alles real ist, verengt es doch meinen Blick auf die Frau.

Ich versuche es noch einmal von vorn: Ich habe

eine Frau getroffen. Punkt. Kein Wein. Kein Bahnsteig. Vielleicht trinkt sie zum ersten und letzten Mal hier. Ich weiß nichts über sie. Sie weiß nichts über mich. Du sollst dir kein Bildnis machen? Auch nicht von deinen Mitmenschen? Gut möglich, dass das Bildnisverbot draußen erlassen worden ist, im Freien. Dort, wo die bloße Gegenwart nicht zulässt, über den anderen zu urteilen, indem man sich ein Bild von ihm macht.

Ich erinnere mich an meinen Plan für das kommende Jahr:

Ich will draußen sein.

Ich will nicht cool sein.

Und ich will aufs Urteilen möglichst verzichten.

Wenn ich draußen bin, lerne ich zu sehen, ohne zu urteilen, zu hören, ohne zu richten. Wahrzunehmen, ohne auszulegen. Aufzunehmen, ohne zu deuten. Ich würde niemals sagen: Was für ein altmodischer Mond, heute Nacht. Was für ein eingebildeter Fasan, neben dem Gleis. Was für eine heruntergekommene Nacht.

Vielleicht hilft es, was drinnen ist, mit den Maßstäben des Draußenseins zu betrachten. Vielleicht ist die Party nicht langweilig, sondern nur still, vielleicht ist die Mütze der Frau nicht abgewetzt, sondern liebgetragen. Vielleicht ist alles ganz anders, als es im Licht eines Provinzbahnhofs, in der Betriebspause einer Aprilnacht, im Mondlicht erscheint.

Draußen sehe ich, was ich sehe. Drinnen sehe ich, was ich kenne. Wenn ich draußen bin, sehe ich einen Regentropfen. Einen Weidenschatten. Eine Frau. Wenn ich drinnen bin, sehe ich eine Geschichte. Ein Abbild von etwas, das meist ganz anders ist. Wenn ich drinnen bin, empfinde ich Scham vor einer einsamen, alten, trinkenden Frau. Wenn ich draußen bin, bin ich ihr näher, bin ich gar nicht so anders als sie. Wie viele Jahre waren die Frau und ich nicht geboren? Wie viele Jahre werden wir beide tot sein? Und die paar Jahre dazwischen soll ich mit einem Urteil über sie verschwenden?

Eine Weiche führt auf ein ungenutztes Nebengleis, ich biege ab, lande auf einem alten Rangierbahnhof. Ziegelgebäude, bröckelnd, Giersch, Gundermann, Gräser hüfthoch, eine Katze, die sich auf aufgerissenem Betonboden den Rücken reibt und in den Himmel schaut. Dort oben scheint der Wind heftiger zu wehen, stahlgraue Wolkenbänder jagen unter dem Mond hindurch, geben ihn frei, massieren sich zu dunkleren Flecken, werfen graue Nachtschatten auf Teer und Backsteine.

Ich gehe bis zum Prellbock, von dessen rot-weißem Stoppholz die Farbe platzt, dann springe ich vom Gleis. Das Wurzelwerk junger Birkenreiser sprengt die Backsteine aus der Verladerampe, das Tor dahinter ist von Efeu überwuchert. Selbst auf dem Dach sprießen junge Schösslinge, die in der schief abfallenden Dachrinne wurzeln. Auf der Fassade, die noch immer überraschend sauber gefugt ist, steht mit Edding geschrieben: »Nazis essen heimlich Döner.«

Ich mache kehrt, gehe über das Rangiergleis zurück zum Hauptgleis, mache, was kein Zug vermag, ich biege ab, nach links, gehe wieder nach Osten, immer nach Osten, und die Nacht umschließt mich, kommt mir so nah, wie es nur geht. Der Wind treibt mir Regentropfen in den Nacken, warm, weich, und ich drehe mich in den Wind und spüre die Tropfen auf den Wangen und schließe die Augen und lausche und höre auf einmal eine unsichtbare Lebendigkeit um mich herum. Leises Nieseln, winzige Tropfen in Ästen und Weiden, auf Blättern und Raps, ein Netz aus feinem Wasser, das sich auch den Rehen aufs Fell legt und mich gleich mit umschließt.

Es ist schwer, draußen einsam zu sein. Um einsam zu sein, ist draußen zu viel am Leben.

Die Oder kündigt sich mit kühlerer Luft an, die ein wenig nach Meer riecht, nicht brackig, nicht frisch. Die Schienen führen im rechten Winkel auf den Vorfluter, vor der Brücke steige ich vom Gleis, klettere die Böschung hinunter, ducke mich unter einem Zaun hindurch, gehe auf den Fluss zu. Tief über dem Wasser steht Nebel. Auf dem Oderdamm geschlossene Blüten von Schlüsselblumen und Buschwindröschen, farblose Tupfer in farblosem Gras.

Das Wasser liegt glatt vor mir, flächig und schwarz. Das gegenüberliegende Ufer ist in halbmondförmige Sandbuchten eingeteilt. Vor mir wiegt das Flussröhricht in einem Luftzug, der von einem Altarm der Oder zu mir herüberweht. Schwarze Silhouetten von spitz zulaufendem Schilfgras, Rohrkolben und Rohrglanzgras, dem ich mit Daumen und Zeigefinger die Rispen vom Stängel ziehe, bis sich die kleinen Silberfäden auf meinen Fingern zu einem Strauß auftürmen.

Ich trete noch näher ans Ufer, der Boden unter meinen Stiefeln gibt nach. Ich ziehe Schuhe und Socken aus, steige ins kalte Wasser. Beim Geräusch, das mein Eintauchen verursacht, gleitet eine Kröte mit einem kurzen Plätschern ins Wasser, verschwindet in die Tiefe, taucht nicht mehr auf. Das Wasser ist noch winterkalt, noch nicht aufgewärmt vom Frühling, ich genieße den starken Reiz, beinahe schon Schmerz, der über Beine und Rumpf bis in die Ohrmuscheln strahlt.

Es tut weh. Es kitzelt.

Vor dem Buhnenkopf steht ein Storch im Wasser, einbeinig, kaum zwanzig Meter vor mir. Ich setze einen Schritt auf das nasse Pflaster der Buhne, einer künstlichen Landzunge. Der Storch schaut mit seinem linken Auge zu mir herüber, hebt schon die

Flügel, streckt sich schon in die Höhe. Dann erkennt er meine Harmlosigkeit, meine Ziellosigkeit, meine Absichtslosigkeit und lässt sich zurück auf sein Standbein fallen.

Mitten im Wasser steht eine einzelne tote Birke.

Geschafft.

4. Kapitel

So frei wie möglich

Jetzt ist es wieder so weit. Genau jetzt. In diesem Moment. Es ist noch dunkel. Doch ich bin aufgeputscht, als hätte ich zu viel Kaffee getrunken, fahrig in den Bewegungen, habe ernsthaft Sorge, dass ich mein Bündel schnüre und auswandere. Für immer. Holzfäller werde. Trapper und Fallensteller. Nie wieder unter einem Dach schlafen. Selbstgefangene Fische grillen. Nie wieder eine Tastatur anfassen. Es ist gut, dass ich keine ernsthafte Entscheidung zu fällen habe, ich fürchte, dass ich nicht ganz zurechnungsfähig bin. Es ist etwas auf neuronaler Ebene. Ich bin in einem Zustand, fahrig und überspannt, der mir vor Gericht mildernde Umstände einbringen würde.

Die Strafe erfolgt auf Bewährung.

Der Angeklagte stand unter massivem Nahweheinfluss.

Auf einmal trete ich die beiden Stufen aus dem Haus herab in den Innenhof. Seltsam. Hatte ich gar nicht vor. Es geschieht wie von allein. Es ist noch immer dunkel, die Luft beinahe wässrig. Als ich in den noch frühen Morgen hinaustrete, ist es, als besuchte ich eine kultische Stätte. Ich bin allein, aber wäre ich es nicht, würde ich flüstern. Schwarz umschließt mich die Tiefe der Schatten. Wieder stößt die Eule, die am Grundstücksende in einer Fichtenkrone haust, einen ihrer tiefen, buhenden Laute aus.

Im ersten Morgengrauen verlasse ich den Hof. Auch die Dorfstraße liegt im Zwielicht, die einzige Straßenlaterne leuchtet nicht. Der Regen ist fein und flächig, saugt sich mir ins Gesicht wie ein Netz. Zwischen dem Hof meines Nachbarn und dem Dorfpfuhl steht Nebel. Eine Nachtigall folgt ihren schnellen Melodien, setzt aus, klingt nach in der Dorfstraßenstille, ich höre nur noch meine Schritte auf dem nassen Sand. Schrecke einen struppigen Igel auf, der seine Schnauze unter dem Zaun meines märkischen Nachbarn zurückzieht.

– Wat is? Jehste wen vabuddeln? Haste wen umjelegt?

Nicht zu fassen.

Mein Herz.

Ich sehe von dem Igel auf, entdecke die schattige Gestalt meines Nachbarn, der in seiner Hofeinfahrt steht. Er feixt und greint, hat offenbar großen Spaß daran, dass ich ihn in der Dämmerung nicht gesehen habe. Der Schreck hat gesessen. Trotz seiner zwei Meter beherrscht er die Kunst, unvermittelt neben einem zu stehen. Aber morgens um sechs? Ist da nicht eher die Frage, was er so früh hier draußen macht?

– Ich geh Kraniche gucken, sage ich.

– Wat? Wat jehste kieken?

– Kraniche.

– Die olle Viecher mit ihre Trompetenjenöle? Hör mir uff!

– Die nölen nicht, die singen.

– Sach mal, allet in Ordnung mit dir? Is deene Olle nich zu Haus? Dit kenn ick. Wenn meene Zimmerlinde uff Reisen is, wird ma auch immer so blümerang.

– Deine Zimmerlinde?

– Na kennste doch. Wo ick jeheiratet hab. Vor, warte mal, siebenundvierzig Jahre. Aber du bist mir echt wat zu durchjeknallt, ick muss los. Mir rufen die Hühner. Kraniche kieken. Im Rejen! Ick gloob's nüscht.

In der Nacht habe ich kaum geschlafen. Die Bewegungslosigkeit im Haus war zu absolut gewesen, die Zimmerluft ohne jede Brise; nur ein Nachhall von rauschenden Blättern, von im Wind wiegenden Espen drang ins Haus. Irgendwann, am frühen Morgen, gab ich auf. Überprüfte, ob das Kind nicht fror, da der Ofen erkaltet war, öffnete die Haustür. Auf der dünnen, blechernen Außenhaut des Vordachs ging tickender Nieselregen nieder.

Ich wurde nass. Mir wurde kalt.

Herrlich.

Die Eule, ein Uhu, stieß fortwährend ihre tiefen, klagend gehauchten Töne aus. Bald setzten die frühen Läufe des Rotschwänzchens ein, wenig später von Amseln begleitet. Und ich wurde endlich ruhig und spürte wieder, dass ich mit der Welt da draußen verbunden war.

Ich stand im Eingang und starrte ins Dunkle. War durch nichts abgelenkt. Ich blickte so lange nach draußen, bis erste, schattige Birnbaumäste ins Blickfeld ragten. Die Lehne der Holzbank am Grundstücksende. Und dahinter, bis zum Ende der Dunkelheit, das schwarze Feld. Als auch die Meisen erwachten, schulterte ich meinen Rucksack, schnappte den Parka und ließ mich ins Freie ziehen.

Jetzt biege ich aufs Feld ab, tauche in eine Nebelwolke ein, die mir die Sicht nimmt. Das Gehen bekommt etwas Schwammiges, nichts ist sichtbar, nichts ertastbar, ein vager Schwindel kommt auf. Der Nebel riecht anders als sonst. Nicht frisch, eher scharf, süßlich.

Seltsam.

In der Ferne, auf einer der Loosen, beginnt ein Hund zu bellen. Und noch ein anderes Geräusch dringt durch den Nebel. Näher. Hochtouriger. Unbestimmter.

Ich möchte den Nebel beiseitewischen, um klarzusehen, zu begreifen. Das frühe Licht, gerade keine Dunkelheit mehr, ist diffus, wirft keinerlei Schatten.

Der Nebel riecht irgendwie chemisch, beinahe wie Klebstoff.

Wieder höre ich das Geräusch.

Ein surrendes Rauschen, ein lautes Hochschalten. Es klingt, als bewege sich etwas neben mir her.

Ich gehe schneller, doch das Rauschen geht, hinter Nebel versteckt, mit mir.

Ich ahne, dass das nicht gutgeht, heute. Ich bin nicht achtsam, sondern ungeduldig, nicht offen, sondern angespannt, möchte kein Rätsel, sondern das Geräusch, den Geruch möglichst schnell in eine fertige Geschichte schließen. Mit Anfang, Logik, Ende.

Nicht offen zu sein ist keine gute Grundlage, um nach draußen zu kommen. Nicht offen zu sein, das ist die Haltung der Drinnenwelt. Zwischen Auto und Arbeitszimmer, Kino und Einkaufszentrum, Sportstudio und Imbiss habe ich gelernt, jeden Ort in einer Geschichte zu verorten. In Vorher und Nachher, in Sinn und Zweck. Ich fahre Bahn, weil es in meinem Dorf keine Sparkasse gibt. Ich bin im Einkaufszentrum, weil mir dieser spezielle Fahrradschlauch fehlt. Ich sitze im Kino, weil meine Freundin das will. Keiner dieser Orte hält eine Überraschung für mich bereit. (Am ehesten vielleicht noch das Kino.) Und diese Überraschungsarmut hat Folgen gezeitigt. Der Drang nach Einordnung und Verwertbarkeit, nach Sinn und Zusammenhang überkommt mich offenbar schon dann, wenn ich draußen bin.

Etwas macht ein seltsames Geräusch. Na und? Etwas riecht seltsam, anders als sonst. Reicht das nicht für den Moment?

Offenbar habe ich verlernt, wie man sich draußen verhält. Und es ist ja kein Wunder. Wir tun alles dafür, um auch den letzten Rest der Draußenwelt nach drinnen zu holen. Zur Überbrückung lästiger Freiluftstrecken steht jederzeit das Automobil bereit. Deliveroo und Foodora beseitigen auch spontanen Hunger absolut frischluftfrei. Mit Smartphone und Internet muss ich nicht einmal mehr für eine Überweisung aus dem Haus, nicht einmal mehr, um meine Partnerin kennenzulernen. Fehlen eigentlich nur noch E-Geburt und E-Bestattung, dann kann ich endlich das komplette Leben vor dem Bildschirm verbringen.

Und wieder.

Pfeifende Luft, ein hochtouriges Rauschen, ziemlich nah, aber hinter Nebel.

Was ist das? Warum sehe ich es nicht? Sieht es mich? Kommt es näher?

Es ist unangenehm, lästig, ungewiss.

Keine Frage: Ich bin noch drinnen.

Die Kraniche rasten einige Kilometer westlich des Dorfes, in der Loose, mehreren Hektaren Land, auf dem die Zugachsen der Regionalbahn nur als ferner Widerhall zu erahnen sind, auf dem Menschen kaum vorkommen und über dem die Weite des Himmels rund und endlos ist. In der Loose stehen nur einzelne Gehöfte, teils verfallen, teils wieder bewohnt, einstmals nach der Trockenlegung von Neubürgern erbaut. Württemberger und Pfälzer und Sachsen hatten im Wortsinne ein Los zu ziehen, damals: Loos, auf dem ihr neues Grundstück vermerkt war. Und so wird die Gesamtfläche der verlosten Gehöfte bis heute Loose genannt.

Der Nebel wird heller, weißer, reißt aber nicht auf, brackige Luft aus dem Entwässerungsgraben zieht vorüber, mischt sich in den süßlichen Nebelgeruch. Ich bleibe stehen. Vor mir hängen Tropfen von den Dornen und Zweigen eines Hagebuttenstrauchs herab, kurz davor, zu Boden zu fallen. Ich taste die Rippen eines welken Endblättchens ab, steche mich an einem darunterliegenden Dorn in den Daumen.

Ich bin verärgert. Fühle mich betrogen. Betrogen um das Gefühl, draußen zu sein. Ich bin umsonst so früh aufgestanden. Ich sehe nichts, was ich nicht auch zu einer späteren Tageszeit gesehen hätte. Ödnis. Raps. Hagebutten. Nebel. Ein Feldhase springt aus seiner Sasse, setzt wenige Meter vor mir auf den Weg. Auch das habe ich schon etliche Male gesehen. Was mache ich falsch? Warum verkrampft alles? Ich fühle mich, als wäre es mein erstes Mal, dass ich nach draußen komme, als müsse ich mich beweisen, als drohte etwas zu scheitern. Ich grüble und finde einfach nicht ins Freie.

Warum diese konsumistische Haltung?

Warum glaube ich, der Morgen habe mir etwas zu bieten?

Er schuldet mir nichts.

Draußensein lässt sich nicht gerne auf Knopfdruck bestellen. Damit ist Draußensein das exakte Gegenstück zur Outdoorkultur, mit der es leicht zu verwechseln ist. Draußensein ist unkompliziert und mutig. Es wagt, spazieren zu gehen, anstatt zu walken. Zu klettern, statt zu climben. Und nachts auch mal ganz ohne Stirnlampenset aus dem Haus zu gehen. Thermoleggins? Gelsohlenschuhe? Eine Fleecejacke aus Gore-Tex Active Shell?

Im Ernst?

Doch, Moment. Ich bin der Meinung, dass jeder so viel kaufen darf und soll, wie er mag. Einzige Bedingung: dass es ihm nützt. Und hier hat sich leider etwas gedreht. Während wir früher Dinge konsumierten, konsumieren diese Dinge inzwischen längst uns. Verschlingen unsere Zeit, als hätten wir noch ein paar Reservezeiten zur Verfügung. Wenn ich Skier im Internet vergleiche, fahre ich nicht Ski. Wenn ich Bewertungen von Joggingschuhen lese, gehe ich nicht joggen. Google weiß so manches, aber leider noch immer nicht, wie man ins Freie kommt.

Auf einmal geschieht etwas mit dem Licht, der Nebel wird noch einmal weißer, gleißender, aber weniger dicht, und hinter mir, über dem Dorf, zeichnet sich der Kreis des Sonnenballs ab, brennt immer größere Nebellöcher frei. Die Rapspflanzen leuchten nun gelb auf, in einer geschlossenen, flirrenden Fläche. Doch noch liegt die Sonne nicht frei. Ich ziehe einen Blütenstand herunter, betrachte im Gehen die Kronblätter, die Kelchblätter, den Stempel, zerpflücke die Schote, in der noch weißer Samen liegt.

Als ich aufblicke, sehe ich den Traktor. Etwa vierhundert Meter vor mir rauscht er in hoher Geschwindigkeit über das Feld. Links und rechts hat er lange Spritzdüsen heruntergeklappt, aus denen ein feiner Chemienebel dringt. Ich bin entsetzt. Der fremde Geruch, den ich als süßlich, nicht aber als unangenehm empfand, ist die blanke Chemie. Schmeckt auf einmal gar nicht mehr süß, sondern bitter. Der Traktor fährt genau vor dem Wind, das Pestizid weht mir direkt in die Nase. Oder ist der Morgennebel insgesamt nichts anderes als eine riesige Pestizidwolke? Laufe ich seit einer Stunde durch Gift?

Der Nieselregen ist stärker geworden, schlägt mir nun frontal von Westen her ins Gesicht. Unter dem Parka herrscht ein feuchtwarmes Mikroklima, Pullover und T-Shirt sind klamm, meine Socken komplett durchnässt. Ich bin so weit entfernt davon, draußen zu sein, dass ich friere. Und dann rinnt mir auch noch das Wasser von der Stirn und nimmt mir die Sicht.

Jetzt drinnen, am bullernden Ofen zu sitzen, das wär dann doch fein.

Käffchen.

Blick in die Glut.

Aber was ist das?

Im Westen ragen Trümmerteile aus dem Bodennebel. Jenseits der Bahnlinie. Die Teile ruhen auf schwarzen Hälsen über einer Glyphosatnebelbank.

Als ich länger hinsehe, werden die Trümmerteile zu Kranichköpfen, die aus dem Nebel sehen wie Bergspitzen aus einem verhangenen Tal. Schlanke Köpfe, längliche Schnäbel, die Unterkörper weiter von Dunst verhüllt.

Die Kranichköpfe ruhen seltsam tief über dem Nebel, erst glaube ich, es seien Jungtiere, doch dann begreife ich, dass die Kraniche ausspannen. Sie sitzen, kauern, huttern, nur ihre Köpfe ragen aus dem

Nebel hervor. Einer der Kraniche wittert mich. Mit ruckelnden Kopfbewegungen legt er den Schnabel in den Wind, stemmt sich in den Stand. Schon zuckt ein weiterer Kopf aus dem Dämmerschlaf, stemmt das nächste Tier sich auf.

Der erste Kranich setzt einen Schritt zurück. Und dann trappeln auch die anderen nach, weichen und wittern, setzen drängende Schritte, unsicher noch, noch kontrolliert, noch nicht bereit zur Flucht. Gehe ich vor, setzen sie zurück. Bleibe ich stehen, verharren auch sie. Es ist, als spannten sich zwischen uns feine Seile.

Und der Traktor? Hat seine Sprüharme hochgeklappt und verschwindet nun in Richtung der Seelower Höhen.

Geht doch, denke ich.

Draußensein macht das, was so unendlich komplex geworden ist, wieder einfach. Es kürzt alle Umwege, die uns ins Freie führen sollen, radikal ab. Ich darf es nur nicht einfordern, als könne ich es in den Warenkorb klicken, wie in einem Onlinekatalog. Ich muss abwarten. Es offenlassen. Einem Morgen die Zeit geben, die er braucht. Ich habe mich so weit von mir entfernt, dass mir das Nachdenken zum Normalzustand geworden ist. Arbeit macht längst nicht mehr das Denken, sondern das Denken einzustellen.

Ich habe mich vorhin verhalten, als hätte ich an

der Kasse eines Freizeitparks ein Ticket gelöst und nun das Anrecht auf möglichst viel Spaß. So funktioniert das nicht, im Freien. Hier winkt andere Belohnung. Herrschen andere Geschwindigkeiten. Andere Farben. Gibt es weder Zuckerwatte noch einen Wegweiser zur nächsten Attraktion.

Das ist das Schöne am Draußensein, es kommt ohne jede Ankündigung, gibt sich schon mal kapriziös, ist dann aber voller Überraschung. Es flacht nicht ab, im Laufe des Lebens, es wird nicht blasser, bekommt nicht den Anschein des tausendmal Gemachten, des tausendmal Gehörten. Es bleibt einmalig wie am Tag, an dem ich es zum ersten Mal erlebe.

Urlaube und Ausflüge, Konzerte und Serien, Bücher und Ausstellungen können schal werden mit den Jahren. Und irgendwann, kaum eingestanden, folgt dieser Moment, in dem man den Eindruck erlangt, dass man das alles irgendwie schon kenne: Bali und Bungalow, Wim Wenders und Sopranos, Mallorca und Monet.

Das Draußensein spielt in einer anderen Liga. Es bleibt beständig und unberührt, lässt sich nicht benutzen und kann einem nicht über werden. Es spielt auf nichts an, zitiert nichts und eröffnet auch keine neue Schule, es bringt niemandem Ruhm und niemandem Ruin, es war schon da, als wir noch rückgratlos als Amöben durchs Ufer pflügten und noch nicht einmal unsere Höhlen bemalten: Das ist die Liga, in der das Draußensein spielt.

Und dann ein trompetender Schrei. Echolos verhallt er in der Weite. Ein zweiter antwortet ihm. Ein letztes, bodennahes Nebelband zieht vorüber, nimmt mir die Sicht. Ich kann die Kraniche nur noch hören, sehe sie nicht mehr. Ihr Trompeten verendet in einem klagenden, langgezogenen Oberton. Der Laut bringt in mir etwas zum Schwingen. Ich folge dem Nachhall ihrer Rufe, während oben nun endlich der Sonnenball durchdringt und sich über dem Bodendunst eine ungekannte Weite auftut.

Der Hochnebel wird vollständig weggebrannt und gibt einen kräftigen Himmel frei. Die Sonne taucht das Bruch in ein anderes Licht, warm, beinahe golden, in dem nun die Silhouetten von einzelnen Silberweiden und schmalen Apfelalleen aufgehen. Und ich schirme die Augen ab und blicke zum Horizont. Dort zeigt sich ein schwirrender Reigen landender Kraniche. Schwarze, elegant segelnde Schatten, große Spannweiten, immer tiefer zu Boden segelnd, im roten Morgenlicht.

Vorsichtig nähere ich mich den Kranichen auf wenige hundert Meter.

Am Rande der Kolonie stehen zwei Tiere beieinander und umtanzen sich. Umspielen, umkreisen, umwerben sich, die weiten Schwingen ausgebreitet, sie schleudern die keilförmigen Schnäbel empor, trompeten sich an, laufen Formen und Muster auf dem Acker, die ich nicht entschlüsseln kann, Achten und Kurven, nähern sich an, stoßen sich ab.

Ich bin so konzentriert darauf, dass ich die nassen Gummistiefel, den Rucksack nicht mehr spüre, nicht mehr merke, wie ich atme, den Puls in den Ohren nicht mehr höre. Ich löse mich in der Weite des Morgens, habe das Gefühl, aufzugehen in dem endlosen Raum, zurückgeworfen zu sein auf eine Daseinsform, die angeblich primitiv ist und um die ich doch jeden Flusskrebs beneide. Ich nehme wahr, nehme auf, werte nicht. Als ich mich an die tanzenden Kraniche heranpirsche, ducke ich mich, doch einer der beiden wird auf mich aufmerksam, tritt aus dem Tanzkreis. Der Kranich legt den Kopf schräg, linst zu mir herüber.

Ein Kranichtanz an einem Morgen im Mai ist für Geld nicht zu bekommen. Und wenn es auch kostenlos ist, das Draußensein, so ist es doch nicht immer zu erlangen. Es lockt und entzieht sich in einem fort. Es ist wie bei anderen Höhepunkten, im Urlaub, beim Sport, beim Sex. Man kann viel tun, um den Höhepunkt möglichst intensiv zu erleben, um dann, in den eigenen Ansprüchen gefangen, enttäuscht zu sein. Und man kann eher zufällig über den Höhepunkt stolpern, um dann umso haltloser mitgerissen zu werden.

Während ich immer dasselbe tun muss, um in den Urlaub zu fliegen, Überweisung, Reisebüro, Internet, ist der Zugang zum Draußensein anspruchsvoller und damit vor jeder Ermüdung gefeit. Ich weiß nie im Voraus, ob ich rauskomme, wenn ich nach draußen gehe, oder ob ich einfach nur die vier Wände verlasse, was, zugegeben, auch schon eine schöne Entschädigung ist.

Das Schöne am Draußensein: Wenn ein Höhepunkt vorüber ist, ist das Draußensein nicht vorbei. Während auf den Urlaub nur noch die Arbeit folgt, wartet draußen bereits das nächste Schauspiel. Kaum ist der Schnee geschmolzen, kann ich die Baumblüte riechen, kaum ist der Birnbaum abgeerntet, deckt bald schon der erste Schnee das Bruch mit leiser Decke zu.

Das Nahweh ist der Trieb, der im Draußensein seine Befriedigung findet. Es geht nicht fremd, das Nahweh, es verlässt nicht, es fordert nicht, es nimmt, wie ich bin, es ist da für mich, ich muss ihm nichts liefern, es nicht bedenken und niemals beschenken, es beschenkt vielmehr mich, und ich nehme und nehme, und doch wirft mir das Nahweh niemals vor, egoistisch zu sein.

Der Himmel zieht wieder zu. Schwacher Regen setzt ein. Und dann nähert sich auch noch der Traktor von den Seelower Höhen herab. Offenbar hatte er nur neues Gift nachgetankt. Dem Kranich, der eben noch tanzte, wird die Nähe zu mir unheimlich. Er stakst davon, über die Ackerkrume, in weiten Schritten, nicht ausladend wie ein Strauß, hüpfender, vogelähnlicher, weniger menschengleich. Dann weitet er die Schwingen, fährt seine volle Spannweite aus. Schwarz konturiert die Flügelspitzen, die Schlussfedern der Armschwingen einzeln erkennbar, der innere Teil der Flügel makellos weiß. Auch die Beine sind nun gestreckt, lang und dürr, haben letzten Kontakt zum Acker, wenige Schritte noch, wenige Schläge der Schwingen, dann ist das Tier in der Luft.

Der Kranich schlägt in langsamen, weit ausholenden, zeitlosen Schlägen die Luft nach unten, streckt die Fläche zum Segler, zur horizontgeraden, totalen Länge, nutzt den Bodenaufwind, gleitet bewegungslos mehrere hundert Meter davon. Er taucht in regenverhangenen Dunst, vor rötlichem Horizont, ich schirme die Augen ab. Doch der Kranich ist nach wenigen Flügelschlägen aus dem Kreis meiner Sinneswahrnehmung verschwunden.

Ich schrecke zusammen. Lautes Flügelschlagen. Entenähnliches Schnattern. Nah. Laut.

Ein Fasan.

Er stiebt hinter einem Band Schilfgras hervor. Er setzt im Tiefflug an mir vorüber, hält direkt auf die Kraniche zu.

Wie Speerspitzen strecken ihm die verbliebenen Kraniche ihre Schnäbel entgegen. Sie weichen zurück, trompeten warnend, stimmen sich auf den Abflug ein. Vor dem Auffliegen strecken sie die Köpfe nach vorn, nehmen einige schnelle Schritte, stoßen sich vom Boden ab. Dann fliegen sie mit langen, gänsegleich ausgestreckten Hälsen davon. Nach dem Start klappen sie die Beine nach hinten wie einen verlängerten, gegabelten Rumpf, steigen in den Feldhimmel auf, mit weiten, gefransten Schwingenspitzen, erneutes Trompeten über dem randlosen Feld, der Fasan durchfliegt den Schwarm wie ein Geschoss.

Und mir weicht der Schreck aus den Gliedern, das Flatterige und Unbestimmte, und wird zu einem schweren Gefühl von Sicherheit, ich beobachte und staune, bin draußen aus allem, was eben noch galt in meiner Welt. Bin nicht mehr mit mir beschäftigt, verlasse die Enge der gedanklichen Dopplung, die jeden Sinneseindruck mit einem Etikett versieht, diesen armseligen Lebenszustand, in dem ich so viel verpasse, den ich nur im Freien öffnen und sprengen kann, und sei es nur für einen kurzen Schreckensmoment.

Natürlich muss man nicht ins Oderbruch, um rauszukommen, natürlich braucht man keinen Wald und kein Feld. Auch wenn das hilfreich ist für den Einstieg. Könnern gelingt es auch, in der Stadtbrache nach draußen zu kommen, in der Wildnis vor dem nächsten U-Bahnhof. Doch selbst für sie gilt: Es gelingt nicht immer. Da gibt es Arbeitszwänge und Partnerwünsche, Schulschluss und Mittagshunger und natürlich die Zeiterfassung mit ihrem System Log In. Aber das ist ja nicht schlimm. Auch wenn es sich stürmisch aufführt, ist das Nahweh letztlich geduldig, hat es Nachsicht mit uns. Es wird immer versuchen, sich seinen Weg zu bahnen, ist aber auch ein guter Verlierer, wenn die Arbeit obsiegt.

Wenn es an einem normalen Wochentag nur eine Randstunde zur Verfügung gestellt bekommt, morgens, durch den Frühnebel, auf dem Fahrrad, zur Arbeit, mittags, wenn in der Kaffeepause die Sonne durchbricht, abends, wenn das Kind einmal partout nicht mit uns nach draußen will, dann ist das Nahweh nicht beleidigt, dann bleibt das Nahweh uns treu. Es stichelt ein wenig, stupft uns an, ob da nicht noch mehr zu holen ist, am nächsten freien Tag, in der nächsten freien Woche, aber für den Moment begnügt es sich immer mit dem, was es kriegt.

Der Weg vor mir ist von Pfützen übersät. Ich halte mich westwärts. Die Tage im Mai sind länger geworden, das Draußensein kennt keine Eile mehr. Während eben noch die Dunkelheit drohte, kaum dass es hell geworden war, hält sich das Licht nun schon bis in die Abendstunden. Das Kabel zwischen den hölzernen Strommasten steigt und fällt, fällt und steigt. Schwalben schießen darunter hindurch. Flauschiger, vom Regen getränkter Pappelsamen schneit mir entgegen.

Der Regen wird noch einmal stärker, spült mir die Haare in die Stirn. Die Haut meiner Fingerkuppen ist riffelig geworden, als hätte ich zu lange gebadet. Ich schlottere in den Gummistiefeln, in denen das Wasser steht und bei jedem Schritt schmatzende Geräusche von sich gibt. Und dann zieht auch noch eine neue bittere, dichte Glyphosatwolke herüber. Ich kann mich nicht darüber aufregen. Ich bin am Ziel.

– Ach du jrüne Neune, sagt mein märkischer Nachbar, als ich am frühen Nachmittag tiefenentspannt zurück ins Dorf gelange. Wie muss ick dir denn nu anquatschen? Meister? Krishna? Du siehst mir man, ick will nüscht sajen: erleuchtet aus!

5. Kapitel

Im Schützengraben

Eine fette Hummel kreist um meinen Kopf, in immer engeren Runden. Ist hinter mir. Ist vor mir. Über mir. Brummt unwahrscheinlich laut, verliert an Höhe und schnellt mit einem Mal direkt auf mich zu.

Unwillkürlich nehme ich den Unterarm vors Gesicht, verliere dabei den Mörtel von der Kelle.

Schon wieder.

Anfang Juni ist eigentlich eine perfekte Jahreszeit, um den Hof zu verfugen. Zumindest die Wetterseite. Einen weiteren Winter werden die bloßen Backsteine nicht mitmachen. Verfugen und verputzen – für den Laien durchaus wesensverwandt – entpuppen sich bei genauerer Beschäftigung als kreuzverschieden.

Beim Verfugen bleiben die einzelnen Backsteine sichtbar, das wirkt gediegen, ist aber aufwändig. Die pure Zeitschinderei. Millimeterarbeit. Beim Verputzen dagegen mörtelt man die Wand einfach zu, das ist schnell gemacht, aber hässlich. Eine alte Postkarte der Dorfstraße nahm mir die Entscheidung ab. Darauf waren sauber verfugte Backsteinwände zu sehen. Also wählte auch ich das originale Sichtmauerwerk.

Leider.

Seit einer Stunde tut sich: rein gar nichts. Allenfalls gleitet ein wenig Zementmörtel von der Fugenkelle und tropft mir auf die Schuhe. Vor allem bei Hummelangriffen. In die Fugen zwischen den lose gewordenen Backsteinen ist hingegen so gut wie kein Mörtel geraten. Jetzt drücke ich schon mit dem baren Finger nach. Zwei oder drei Zentimeter sind nun verfugt. Es bleiben weitere fünfzehn Meter Fassade. Mal fünfundvierzig Reihen Backsteine. Es ist quälend. Es ist ermüdend. Es ist unwürdig.

Nach zwei Stunden habe ich eineinhalb Meter verfugt. Ich gebe auf. Dusche unterm Gartenschlauch den Zementstaub herunter und gehe ins Haus. Auch hier wartet Arbeit. Ich nenne es mein persönliches Zirkeltraining: Wenn ich drei verschiedene Arbeiten zu erledigen habe, die allesamt nicht vorankommen, beende ich nicht etwa die eine und beginne dann die nächste, sondern trage von jeder Arbeit kaum merkliche Spuren ab, bis ich verzweifle und zur nächsten Arbeit überwechsle. Also vom Verfugen zum Manuskript, vom Manuskript zur Steuererklärung, von der Steuererklärung zum Verfugen. So fällt es weniger auf, dass der Stand der einzelnen Arbeiten in etwa derselbe bleibt.

Ich öffne das Manuskript. Erstarre schneller, als Word benötigt, das Dokument zu laden. Also noch vor dem ersten getippten Buchstaben. Möchte bereits zur Steuererklärung überwechseln, doch etwas ist anders, heute. Und diese Andersartigkeit hat einen Namen: Abgabe. Bis zur Deadline am Abend weiter so sprunghaft von einer Arbeit zur anderen zu wechseln bedeutet, von der Redaktion nie wieder eine Anfrage zu bekommen. Oder gleich eine Konventionalstrafe.

Ich sehe raus. Ins Freie.

Frühsommerlicht über der Wiese, warm und klar über den gelben Flecken von Fingerkraut und Wolfsmilch. Der Birnbaum, perspektivisch verkleinert, perfekt von Scheune und Wirtschaftsgebäude gerahmt, unter seiner Blüte reifen die Fruchtknoten heran, und vom Holunder ziehen Schwaden von Staudenluft in den Hof, die Dolden leicht und weiß behangen. Und auf meinen Unterarmen, nutzlos zum Tippen abgelegt, richten sich rebellisch die Härchen auf.

Im Vergleich zu meiner Arbeit schreitet der Schatten, den die Robinie vor dem Arbeitszimmer auf die Dorfstraße wirft, rasant voran. Die beste Zeit des Tages verschwende ich am Computer. Das ist frevelhaft. Und hier zeigt sich das Nahweh von seiner perfiden Seite. Es verhält sich nicht etwa prozyklisch, sondern antizyklisch. Es läuft nicht dann zu Hochform auf, wenn ich frei habe, nein, es gibt sich besonders dann unnachgiebig, wenn ich partout nicht vom Schreibtisch aufstehen kann.

Also jetzt.

Im Frühsommer hat das Nahweh einen anderen Geschmack angenommen, einen anderen Ton, es ist drängender geworden, kraftvoller, weniger wechselhaft als im Frühjahr, dafür reifer, farbiger. Es ist gesättigt vom Violett der Kleeblüten und riecht nach Knoblauchrauke und Gundermann. Auf Morgenwärme folgt Mittagshitze, und das Nahweh ist auch dann noch wach, wenn am Abend die Luft im Hof steht, es buhlt und fordert rund um die Uhr. Im Frühsommer kennt das Nahweh keine Kahlheit, keine Erdtöne mehr, nur noch grüne Ranken. Brennnesseln schieben sich an holzigen Halmen vom Vorjahr vorbei, stiftdünne Eichenschösslinge wachsen aus den Stümpfen ihrer gestürzten Ahnen.

Das Nahweh im Frühsommer überrollt alle kraftlosen Momente, die es im Frühjahr noch kannte. Es strotzt und wirbt, schon morgens steht es verlangend im Arbeitszimmer, auf das viel zu früh das Licht fällt. Gelbe Rauten brechen durchs hölzerne Fensterkreuz, mustern die Tastatur, die sich aufwärmt im Sonnenlicht. Immerwache Vogelstimmen dringen durchs

Fenster, Morgensinger, und wenn ich mich hinauslehne und die Arme ausbreite, schreckt vielgliedriges Flügelschlagen auf, und Feldlerche und Eichelhäher suchen Schutz in den Birnbaumästen.

Unversehens wird es Nachmittag. Die Stunden zerrinnen. Penetrant blinkt der Cursor. Nutzlos abgewetterte Zeit. Es ist zum Heulen. Über der Robinie fliegt der Rote Milan seinen Hort an. Ein herrlicher Greifvogel, den mein Nachbar aufgrund des gefächerten Schwanzes Gabelweihe nennt. Der Milan verlagert im Anflug das Gewicht nach hinten, streckt die Greifarme vor, nimmt durch eine neue Flügelstellung Geschwindigkeit aus dem Flug, setzt sauber am Rand seines Hortes auf.

Ich fürchte, er meint das als kleine Demonstration von Perfektion. Mein Text dagegen ist entweder nicht vorhanden oder aber nichtig, schwer zu sagen, was schlimmer wiegt. Ich ziehe den Vorhang zu. Wenn ich auch noch verfolge, wie kleine Milanküken ihre Schnäbel aus dem Hort strecken, um mit Würmern gefüttert zu werden, wird das nichts mit der Abgabe.

Stunden später klicke ich auf Senden. Im selben Moment weiß ich, dass die abgeschickte Version nichts taugt. Doch egal. Zu spät. Ich lasse den Kopf kreisen, nehme die Finger von der Tastatur und strecke mich durch.

Gehe ins Freie.

Und mit einem Mal ist es unwichtig, dass ich nicht nur die Steuererklärung, nicht nur die Wetterseite, sondern so manches mehr nicht erledigt, anderes nicht angewiesen und schon gar nichts entschieden habe. Dass ich bei so manchem den Überblick verliere und fremde Hilfe brauche, das meiste dann aber noch immer nicht verstehe. Dass ich weder Idee noch Strategie habe und eine Antwort noch immer nicht zurechtgelegt, dass ein Plan B nicht in Sichtweite ist und Plan A offenbar nicht funktioniert. Dass ich so manches vergessen habe, dass ich so manchen heute noch beschwichtigen könnte, wofür es morgen dann aber wirklich zu spät ist.

Luft und Licht, betäubend, blendend, warm die Feldsteine der Treppe, warm die Luftschicht zwischen den Backsteinmauern von Wirtschaftsgebäude und Schuppen. Barfuß gehe ich durchs ungemähte Gras. Am kleinen Acker vorbei, der von einer Wildwiese mal wieder kaum zu unterscheiden ist. Seltsamerweise wächst das, was ich herausreiße, sofort wieder nach (Gundermann, Brennnesseln, Ackerwinde), während das, was ich säe, hege, schiene und gieße, binnen Tagen verwelkt und vergeht (Paprika, Melone, Gurke). Einziger Ernteerfolg, Stand Juni: Sieben Radieschen.

Am Grundstücksende haben die Jungtriebe der

Fichten bräunliche Spelzhüllen gebildet, darunter treten neue, weiche Nadeln hervor, gelblich, sie stechen noch nicht. Auf den Vorjahreszweigen wachsen rote, wie Kerzen aufragende Blütenzapfen. Wenn ich sie anfasse, zerbröseln sie zwischen den Fingern und verpuffen zu einer weißen Staubwolke.

– Biste wieder druff?

Mein märkischer Nachbar. Wie immer mit untadeligem Gespür für Momente, in denen mich das Nahweh überkommt. Er marschiert in großen Schritten vom Feld über den Entwässerungsgraben in meinen Hof.

– Drauf?, frage ich. Auf was?

– Wat weeß denn icke? Uff Naturkräuter oder so wat? Oder eenfach nur späte Frühlingsjefühle? Du siehst ma nen bisschen, ick will nüscht sajen, nach romantische Jefühle aus.

– Weil ich barfuß im Hof stehe?

– Bingo. Könnt ick besser nüscht sajen. Weil de barfuß inne Kräuter herumstorchst und Tannenbäumken ankiekst.

– Ich sitz zu viel am Computer.

– Darum bin ick ja hier. Dein oller Nachbar, also icke, hätt da noch nen Tipp für ne Expedition. Wenn de mal wieder druff bist, dann jehste am besten rauf, inne Schützengräben. Also rauf, auf die Höhen. Gloobste nüscht, was de da noch finden tust. Soldatenknorpelchen und Offiziersknöchelchen. Hat keener uffjeräumt seit em Kriech.

– Was?

– Hast schon richtig jehört! Und nu viel Spaß bei die Andacht. Ick will nüscht weiter stören.

Und er stakst mit seinen langen Beinen über das Grundstück, am Birnbaum vorbei, sitzt kurz Probe auf meiner Holzbank, dann verschwindet er durch den Raps nach Westen.

Es lässt mir keine Ruhe.

Soldatenknöchel? Offiziersknorpel? Meint er das ernst?

Mein märkischer Nachbar hat manchmal eine eigentümliche Art, sich auszudrücken. Es ist ebenso möglich, dass sich dort oben, auf den Seelower Höhen, wirklich Schützengräben befinden, wie es möglich ist, dass dort ein paar langweilige Grashalme wachsen. Vielleicht wollte er nur seiner Wut über die Zerstörungskraft des Krieges Ausdruck verleihen? Er bedient sich gern drastischer Worte. Er provoziert auch ganz gern.

Es hilft alles nichts.

Ich muss da rauf.

Tatsächlich werde ich am Abend einen rätselhaften Knochen nach Hause tragen. Gefunden im Schützengraben, siebzig Jahre nach Kriegsende, auf den Seelower Höhen. Doch jetzt schnüre ich erst einmal meine Stiefel und verlasse den Hof. Passiere die tote Asbestbaracke am Dorfende, angeblich giftig, angeblich nicht giftig, je nachdem, wen man fragt. Ich bin so weit draußen, schon jetzt, dass es mich nicht mehr interessiert. Anders als am Schreibtisch, wo mir Google die genaue Krebsstatistik liefert, die genaue Faserbelastung in Mikrogramm, bringt mich ein bisschen Asbest im Freien nicht um den Verstand.

Die Luft ist heiß und trocken, riecht weniger säuerlich, seit der Raps verblüht ist. Die kniehohen Pflanzen werden nun langsam braun; bis zur Ernte sieht es aus, als würden sie auf dem Feld verfaulen. Das psychedelische Gelb der Blüte ist einem Tarnfleckmuster gewichen. In einem zweiten Gürtel umgeben das Dorf breite Weizenfelder, die nun gelb werden. Je länger die Sonne auf die Ähren scheint, umso mehr riecht es nach Mehl.

Die Dorfstraße liegt träge im Abendlicht, der Pfuhl weist rings einen Trockenrand auf, hat eine gepresste Schicht alter Blätter der Dorflinde freigelegt. In den Lindenblüten lärmen Hunderte Bienen, die Blätter sind von Honigtau verklebt, von einem Hof kräht viel zu leise ein Hahn, erschöpft von der Sonne auch er.

Am Dorfende gehen Unmengen von Himmel über mir auf. Weite in jeder Richtung. Was vielleicht die kürzestmögliche Umschreibung für das

Oderbruch ist. Die späte Sonne sättigt den Weizen mit Farbe, bringt ihn zum Leuchten. Strommasten und Gräser werfen schon lange Schatten. Das Feld ist zu trocken für die Jahreszeit, die Krume brüchig geworden. Meine Schritte wirbeln Sand auf, hinter mir schwebt der Staub. Und ich gehe durch ein Kissen aus Luft und kneife die Augen gegen die Sonne zu, die beinahe von vorne scheint, und ich sehe zum Horizont, der klar ist, und dann zu den Höhen, die sich schwarz erheben, und über allem drehen endlos die Rotoren.

– Da werd ick noch janz kirre von!

Zitat meines Nachbarn.

Als er es sagte, ließ er den Kopf kreisen, um das unermüdliche Drehen der Windräder mit seinem Blick nachzuahmen. Ich versuchte es mit dem etwas spaßfreien Standardkonter: Lieber ein sichtbares Windrad als ein unsichtbares Atomkraftwerk. Aber ich merkte, wie mir der Konter auf den Lippen zerfiel. Denn mein Nachbar hat leider recht. Wenn ich mich auf das Kreisen konzentriere, ist die Landschaft entweiht.

Ich kann mich allenfalls darauf konzentrieren, mich nicht darauf zu konzentrieren. Eine Tätigkeit, die freilich einiger Übung im Draußensein bedarf.

Es ist ein schwierig Ding mit dem Fortschritt. Was gerade da ist, scheint dem, was nicht mehr da ist, überlegen. Aber wann weiß ich, ob es das auch wirklich ist? Heute? In zwanzig Jahren? Ist es fortschrittlich, aus einer Kornkammer einen Energiepark zu machen? Statt Gemüse Energieträger anzubauen? Die Ernte verdient kaum mehr den Namen, Maisfeld um Maisfeld wird für die nahe gelegene Biogasanlage kleingeschreddert, Stängel wie Kolben wie Körner. Und auf der Bruchkante leiern ohne Unterlass die Rotoren.

Friedrich II. hatte sich das anders vorgestellt. Er wollte, dass seine neuen Untertanen Kartoffeln anbauten, um sich selbst zu versorgen. Doch da der Bauer nicht isst, was er nicht kennt, sträubten sie sich. Also ließ Friedrich ein Modellkartoffelfeld mit Soldaten bewachen. Die Taktik ging auf. Was so kostbar war, dass es bewacht werden musste, interessierte die Neubauern. Sie probierten sich selbst an dem ungewohnten, an Kohlenhydraten so schweren Gewächs. Leider aßen sie auch die grünen Stellen und vergifteten sich reihenweise mit Solanin.

– Als hätt ick wat von dem Zeug von mei'm Cousin jeroocht!

Mein Nachbar ließ weiter den Kopf kreisen.

– Dein Cousin?, fragte ich.

– Na, wo hinten inne Loose wohnt. Der feiert auch die Käferken und dit Universum!

Ich nehme den Blick von den rotierenden Windrädern, gehe weiter den staubigen Feldweg entlang.

Der Cousin meines Nachbarn hat seine eigenen Methoden, drinnen und draußen zu vereinen. Sich und die Welt, die ihn umgibt. Die Vergangenheit mit der Zukunft. Mann und Frau. Alter und Jugend. Sonne und Mond. Und noch vieles mehr, was seiner Meinung nach zu vereinen ist. Der Cousin meines Nachbarn ist Schamane. Er raucht Friedenspfeifen, nimmt Kontakt zu den Ahnen auf und löst sein Bewusstsein in Kräutergüssen auf.

Am Ende dieses Jahres, nach monatelangen Übungen im Draußensein, wird mir der Cousin die Ehre zuteilwerden lassen, an einer seiner Schwitzhütten teilzuhaben.

Ich werde zusagen.

Und meinen Leichtsinn bereuen, wie sich am Ende dieses Büchleins herausstellen wird.

Ich schließe die Augen und gehe einige Meter blind. Die Luft steht, und ich genieße die Unsicherheit, ob ich mich noch auf der Mitte des Weges befinde oder schon den Kopfweiden nähere, denen neue Ausläufer gewachsen sind. Ich gebe mich dem Schwindel hin. Dem Spiel des Sonnenlichts auf der Netzhaut. Den Trugbildern und Farbexplosionen. Und dann prallt mir mit unglaublich tiefem Brummen ein fetter Junikäfer ins Gesicht.

Das Oderbruch ist wie geschaffen für mein Vorhaben, das Große im Kleinen zu entdecken. Es ist eine

Landschaft ohne Sensation, komplett spektakelfrei, weitab üblicher Besuchsrouten. Der hiesige Reiseführer heißt konsequenterweise »Liebe auf den zweiten Blick«. Hier drängt sich nichts auf, hier muss man schon etwas länger hinschauen. Und wird dann doch überrascht. Von Odermennig und Ödlandschrecke, von Sandglöckchen und Adonisrose, von Froschbinse und Zypergras.

Eine Auszeit, ein Urlaub, dachte man in den Sechzigerjahren, beginnt jenseits der Alpen, auf Capri, dann vergrößerte sich die Distanz, musste es bereits das Mittelmeer sein, das es zu queren galt, Marokko oder Mallorca; bis es nach der Jahrtausendwende der Atlantik war, hinter dem der Urlaub begann, in den Rocky Mountains oder in San Francisco. Es ist ein sich selbst verstärkender Prozess. Je weniger Zeit wir haben, das eigene Umland zu erkunden, weil wir in die Ferne reisen, umso weniger erfahren wir darüber, umso weniger lockend erscheint es uns.

Doch die Zauberwelt ist nah, unmittelbar und stark. Das System ist da noch nicht. Die Zauberwelt hält das System auf Abstand. Wenn ich auf meine Sinne zurückgeworfen bin, spielt das, was mit Sinnen nicht wahrzunehmen ist, keine Rolle mehr. Rentenbeiträge. Steuerforderungen. Feuerstättenschau. Was eine Rolle spielt, blendet mich oder schmeichelt meiner Haut, dröhnt in den Ohren oder ist kaum zu vernehmen, schmeckt frisch oder schal. Wenn ich im Freien bin, spüre ich, dass das System nicht alternativlos ist. Im Freien hat es keine Macht über mich.

Doch Moment. Das System? Was ist das?

Der Kapitalismus? Die Vierzigstundenwoche? Die Leistungsgesellschaft?

Vielleicht ist es auch einfach die Summe der Gewohnheiten, nach denen ich lebe, wenn ich drinnen bin. Das Aufwachen mit Wecker, die Stunden am Rechner, der abendliche Einkauf von knisternder Plastikfolie, der ein wenig Gemüse beigegeben ist. Es sind Gewohnheiten, die mich führen, die ich nicht hinterfrage, für die ich mich nicht rechtfertigen muss.

Leider sind gerade die Gewohnheiten, für die ich mich nicht rechtfertigen muss, besonders schädlich. Auch Pünktlichkeit führt zu Feinstaub, auch Fleiß zu Artensterben, auch Genauigkeit zu Elektroschrott. Obwohl ich alles richtig mache, mache ich alles falsch.

Und so geht es beim Draußensein nicht nur um das Freilegen weggeklickter Sinne. Das Draußensein hilft auch dabei, die Maßstäbe wieder zurechtzurücken.

Neues iPhone? Flug auf die Antillen? Autofahrt zur Plastikfolie?

Alles normal?

Oder nur zufällig gerade Konsens?

Ein kleiner Schatten naht über dem Weizen, gleitet in großer Geschwindigkeit über den Feldweg, kreuzt den Altarm der Oder, schnellt die Seelower Höhen empor. Ich hebe unwillkürlich den Kopf. Ein Mäusebussard, der in der Abendthermik kreist. Seine rechte Flügelseite, der Sonne zugewandt, leuchtet, während die andere beinahe schwarz aussieht. Ohne einen Flügelschlag schraubt er sich in die Höhe. Wird kleiner. Verlässt die Thermikblase und schießt längs zu den Höhen nach Süden. Wird schneller, dreht nach Westen, steht einen Augenblick bewegungslos im Hangwind, der dort oben offenbar kräftig weht. Der Bussard lässt sich nach unten kippen, schraubt sich in einem benachbarten Thermikbart weiter nach oben, in einem Trichter aufsteigender Luft, wird so klein, dass Flügel und Schwanz nicht mehr zu unterscheiden sind.

Mein eigener Aufstieg wird schwerfälliger ausfallen. Um auf die Höhen zu gelangen, muss ich die Alte Oder queren, bis in einem kleinen Hangwald ein steiler Aufstieg beginnt. Als der Feldweg den Altarm berührt, breche ich das Schilfröhricht zur Seite, um eine gute Querungsstelle zu finden. Das Wasser ist träge, geruchlos. In der Mitte fließt es schneller, auftreibende Algen ziehen Strömungsschlieren hinter sich her.

Einige Meter bachabwärts ist die Uferböschung plattgetreten, hier haben Rehe gerastet. Eine gute

Absprungstelle. Ich schnalle den Rucksack enger, nehme einige Schritte Anlauf, fixiere den Landungspunkt auf der gegenüberliegenden Uferseite.

Und hebe ab.

Fliege.

Und lande auf Morast, der sofort unter mir nachgibt. Ich finde keinen Halt, greife nach einem breiten Schilfhalm, der mir in die Hand schneidet, mich aber nicht hält, und sacke in vollendeter Langsamkeit, gegen die ich machtlos bin, in die Mitte des Bachbetts hinab. Ich schüttle mir Laichkraut von den Händen, schleudere es in die Böschung, verärgert steigt eine Rohrweihe auf. Das Wasser ist weniger kalt als erwartet, die Jeans saugt sich unangenehm an die Beine, dann ist auch der letzte Winkel meiner Stiefel geflutet.

Das Wasser ist voller länglicher Schmutzschlieren. Einen Moment sehe ich mein eigenes, wässriges Antlitz im Trüben. Direkt vor mir ruht ein Wasserläufer, seine Beine setzen winzige Dellen in die Oberflächenspannung des Wassers. Er bewegt sich behände darauf, als liefe er über festen Grund. Das hintere Beinpaar ist lang und gibt ihm die Richtung vor, ich sehe die Tarsen, winzige Härchen, die ihn vor dem Einsinken bewahren. Er kommt auf mich zu. Scheint mich zu beäugen. Ich äuge zurück. Sekunden verstreichen. Und ich bin draußen. Aber so richtig.

Ich hebe den Blick, die Seelower Höhen steigen massig in den Himmel. Voller Soldatenknochen, oder auch nicht. Ich werde sehen. Wäre es nicht der direkteste Weg, einfach im Flussbett weiterzumarschieren? Nasser werde ich nicht mehr. Ich versuche, einen Schritt mit der Fließrichtung zu gehen. Der Boden ist weich, ich versinke einige Zentimeter darin, finde dann Halt. Meine Beine werfen kleine Bugwellen auf, die in Ringen auseinandertreiben, sich vergrößern, nach ein, zwei Metern verebben und in winzigen Ausläufern ans Ufer schlagen.

Es ist eher ein Waten als ein Gehen, eine amphibienhafte Art der Fortbewegung, das Wasser steht mir bis zum Bauchnabel. Ich gehe aus den Hüften heraus, drehe mich halb nach links, halb nach rechts, ziehe mühsam die schweren, nassen Stiefel aus dem Schlick. Schon nach wenigen Metern spüre ich die ungewohnte Belastung in Muskeln, von denen ich zuvor nicht einmal wusste. Seitlich, unterhalb der Hüfte.

Die Sicht aber, die sich hier unten bietet, lohnt die Mühe. Das säumende Schilfrohr schließt sich beinahe zum Tunnel. Das Abendlicht fällt durch Halme und Rispen aufs Wasser, wird in gleißenden Punkten zurückgeworfen, fällt gegen die ausladenden Unterseiten des Schilfgrases. Färbt die herabhängenden Blüten der Bachnelkenwurz. Es ist, als sei die Böschung für eine Feier aufwändig ausgeleuchtet, überall blinkt und funkelt es. Und ich gehe im Wasser, und ziehe den nächsten Schritt aus dem Schlick. Und der Altarm wird mir zum Altar, auf dem die Gewohnheiten, die ich drinnen erworben habe, bequem zu opfern sind.

Vor mir taucht etwas ins Wasser.

Ein kurzes Plätschern, sauber gesprungen, ohne größere Spritzer.

Unter der Wasseroberfläche taucht ein vierbeiniger Schatten davon.

Was ist das, eine Ratte?

Ein Biber?

Tatsächlich stoße ich nach ein paar Metern Waten auf eine Biberröhre, die aber schon länger unbewohnt scheint. Ihre erdigen Ränder sind trocken und von ersten Gräsern wieder durchwachsen. Ein dunkler Eingang ist das, dicht überm Wasser, über dem das Erdreich des Uferstreifens ein wenig nachgegeben hat, als sei die Röhre uferseitig weitläufig verzweigt und an einigen Stellen bereits eingedellt.

Der Biber hat weitere Spuren hinterlassen. Eine Flussweide am gegenüberliegenden Ufer ist knapp über der Wurzel rings um den Stamm angenagt. Es sieht aus, als wäre hier ein Mensch mit einem Meißel zugange gewesen, so brachial, so mechanisch wirken die Nagespuren der breiten Hauer. Späne liegen am Boden, die oberen Triebe der Weide hängen bereits saftlos herunter, der Baum ist tot.

Ich unterquere die kleine Betonbrücke der Landstraße, muss mich nah über das Wasser beugen, bis ich seine grünliche Oberfläche, feine Algenpartikel darin riechen kann. Vom Gewölbe über mir sickern winzige Stalaktiten aus wässrigem Rost, gelöst aus dicken Nagelköpfen, dazwischen Spinnweben über den Kratern herausgerissener Putzhaken. Das Wasser spiegelt eine unbestimmte Helligkeit wider, zitternde Lichtschatten, ein fächerndes Blinken. Meine Vorwärtsbewegung echot von der Betonröhre zurück, leise Strudel, die ich hinter mir herziehe. Dann trete ich auf der anderen Seite der kleinen Brücke wieder ans Licht.

Im Kehrwasser eines Steins steigen Blasen von Fischen auf, die Schlamm und Schlick nach Mückenlarven und Wasserasseln abgründeln, wahrscheinlich eine Schleie oder ein Barsch, aber ich sehe sie nicht in dem trüben Wasser. Ihr Seitenlinienorgan warnt sie, überträgt die Wellen, die mein Waten im Wasser erzeugt, die Gründelblasen zerplatzen, und neue steigen nicht auf.

Dann ein erneutes Plätschern.

Doch eine Wasserratte?

Nein, das Geräusch ist zu rhythmisch. Es klingt eher wie das Eintauchen von Ruderblättern.

Aber woher?

Da, an der nächsten Biegung des Altarms ragt der

Bug eines Kanus hervor. Im Kanu ein junges Paar, schweigsam, Berliner vermutlich. Brandenburger fahren in ihrer Freizeit kein Kanu, sondern nach Berlin. Die Alte Oder ist keine der üblichen Ausflugsrouten, eher ein Geheimtipp, aber an einem warmen Sommertag finden sich schon mal ein paar Kanuten ein. Das Paar nähert sich mit wenigen, leisen und gekonnt gesetzten Ruderschlägen. Als wir in Rufweite sind, ruft niemand. Sie schauen nur. Sie beobachten. Nein, sie starren mich an. Völlig paralysiert. Einen Moment fürchte ich, sie holen ihre Handys hervor, um mich zu fotografieren. Als sei ich ein besonders selten zu sichtendes Wassertier.

Als wir einander passieren, nicken sie nicht einmal. Wenden aber auch nicht den Blick ab. Vergessen einen Moment zu rudern. Und dann fahren sie tatsächlich einfach an mir vorbei. Wenden gar ihre Köpfe, ohne jede Scham. Und auf einmal wende auch ich etwas, nämlich die Perspektive. Wenn ich eben noch sah, wie sie mich sahen, einen Typ, der bis zum Bauchnabel durch einen Bach spaziert, so sehe ich nun sie. Ist es nicht ebenso seltsam, über einen Fluss mit dem Kanu zu fahren, wenn er so wenig tief ist, dass man ebenso gut in ihm gehen kann? Und warum überhaupt beschäftige ich mich schon wieder damit, was seltsam wirkt und auf wen und warum?

Manchmal hilft solch ein Perspektivwechsel, um nach draußen zu gelangen. Umgekehrt hilft das Draußensein dabei, für einen Moment die Perspektive zu wechseln. Solange ich drinnen bin, gilt allein meine Sicht. Draußen merke ich, wie viele Sichtweisen es außer der meinen noch gibt. Ohne diesen Perspektivwechsel ist es nicht einfach, immer wieder in Frage zu stellen, was auf den ersten Blick normal erscheint. Oder aber als normal zu begreifen, was auf den ersten Blick skandalös erscheint.

Mein märkischer Nachbar zum Beispiel hat Gewohnheiten, die zunächst befremdlich wirken, tatsächlich aber weit weniger zerstörerisch als die meinen sind. Er verachtet die Energiewende, verbraucht aber kaum Strom. Er hält Feinstaub und Dieselgate für aufgeblasene Themen von Städtern, fährt aber kein Auto. Wenn er Hühnerfleisch haben möchte, geht er nicht zur Kühltheke im Biosupermarkt, sondern schlachtet sich ein Huhn. Auf dem Hackklotz. Mit der Axt. Nachdem er es mit einem Baseballschläger betäubt hat.

Als ich das zum ersten Mal sah, war ich empört. Skandal. Tierquälerei. Nach einem Perspektivwechsel aber ahnte ich: Mein märkischer Nachbar war der falsche Gegner. Tatsächlich litt das Huhn gar nicht. Das brachial anmutende Schlachtritual war nur so schön konkret. So schön sichtbar. Was weiter weg ist und damit weniger sichtbar, lässt mich dagegen kalt. Was hinter den Mauern der Tierfabriken passiert, sehe ich nicht. Wenn ich Biosiegelfleisch aus dem Biosupermarkt kaufe, ist mein Gewissen beruhigt. Auch wenn das Hühnchen in Plastik verpackt, stundenlang über die Autobahn gerollt und samstags nach Geschäftsschluss weggeworfen wird.

In meiner Erregungskurve fokussiere ich mich auf das Sichtbare, nicht auf das Systemische. Wenn mein Gewissen nicht aufmuckt, greife ich zu. Den industriellen Tod blende ich aus. Ist nicht schön, geht aber nicht anders. Schließlich brauche ich ja am Abend etwas zum Grillen. Es ist ein Muster, das auch anderswo greift. Ein neues Handy fortzuwerfen gilt als vulgär. Es zwei Jahre zu nutzen und dann fortzuwerfen gilt als normal. Dann hat es mir ja gedient. Aber woher nehme ich den Glauben, das stünde mir alles zu? Mein Biohuhn? Mein Elektroauto? Mein Solarzellendach?

Ein Windstoß fegt gekräuselte Wellen über das Wasser. Ich sehe zum Himmel auf. Keine Wolkenwand, keine Trübung des Lichts. Und doch ist mir kalt geworden; die klamme Hose, die triefenden Schuhe haben mich ausgekühlt. Zeit, die Höhen zu erklimmen und die Soldatenknochen zu suchen, wobei mir warm werden wird. Ich wate ans Ufer, packe einige Schilfruten und beuge sie zu mir herab, ziehe mich dann aus dem Wasser, das plätschernd aus meiner Kleidung rinnt.

Die Stiefel binde ich zu einem Bündel, das ich mir über die Schultern werfe, die nassen Hosenbeine rolle ich nach oben, gehe barfuß weiter, die Füße sind vor Kälte so taub, dass ich die verholzten Halme der Gräser unter mir kaum spüre. Ich laufe durch einige Reihen Weizen nach Westen, betrete den lichten Buchenwald, der zum Plateau aufsteigt. Meine Füße beginnen zu kribbeln, tauen wieder auf, ich spüre Reisig unter den Fußsohlen, das vielnadelige Pieken und Stechen, das knapp unter der Schmerzschwelle bleibt.

Ist das tatsächlich ein historischer Schützengraben? Oder nur eine natürliche Senke?

Der Boden ist auf einmal weicher, und solange ich nicht auf die aufgespreizten, spitzrandigen Bucheckern vom Vorjahr trete, komme ich gut voran. Buchen sind sehr selten im Bruch, ich wundere mich, dass sie hier wachsen. Was ist es, das sie gerade hier, auf dem einstigen Frontverlauf, nährt? Ich gehe auf Zehenspitzen, um dem Boden möglichst wenig Angriffsfläche zu bieten, verlagere sofort das Gewicht, wenn ich doch einmal auf ein Stück abgeblätterte Rinde trete, auf einen unter Laub verdeckten Buchenzweig.

Keine Frage. Ich gehe in einem Schützengraben. Es ist keine natürliche Mulde, die sich auf halber

Höhe als Zwischensattel durch den Wald zieht. Der Verlauf ist zu gerade, beinahe geometrisch gezogen. Und nach einigen Metern stoße ich im rechten Winkel auf einen zweiten Graben. Natürlich, ich sehe keine Stemmeisen und keine Planken, die das Erdreich zurückdrängen. Seiten und Ränder des Grabens sind von Ranken überwachsen, mit Farnen und Nesseln zugewuchert und von Laub und Sand, von Erde und Reisig, von den Sedimenten eines Dreivierteljahrhunderts zugeweht.

Mir wird mulmig zumute, wenn ich daran denke, dass hier Soldaten starben, ihr Leben ließen für eine verlorene Schlacht, töteten für einen tödlichen Wahn. Nachdem die Rote Armee ihren ersten Brückenkopf über die Oder gesetzt hatte, rückte eine Million Rotarmisten in Richtung Berlin vor. Am Fuße der Seelower Höhen begann eines der stärksten Trommelfeuer der Geschichte. Vier Tage später waren fünfzigtausend russische und deutsche Soldaten tot. Nachdem die Rote Armee die Seelower Höhen eingenommen hatte, waren die restlichen sechzig Kilometer nach Berlin nur noch ein Spaziergang, waren die letzten Tage des Tausendjährigen Reiches gezählt. Ein Schatten zieht über den Wald, ganz real, eine kleine Kumuluswolke, von Westen her kommen dichtere Wolken auf.

Es ist mir unangenehm, barfuß durch den Schützengraben zu gehen, als träte ich ungedämpft auf ein Grab, als schändete ich einen Friedhof. Dabei bin ich mir sicher, dass mein Nachbar mich nur ärgern wollte. Dass nicht wirklich noch Skelette hier oben zu finden sind. Es ist absurd. Ich spüre nichts als weiches Laub, das Gehen ist angenehmer als zuvor auf dem Waldboden, es ist der perfekte Barfußpfad, nichts pikst, nichts sticht, und doch habe ich das Gefühl, ich ginge auf Dornen.

Es ist schwierig, nach draußen zu kommen, wenn man barfuß über blutgetränkte Erde geht, wenn man Moos unter den Füßen spürt, aber im Kopf an Schrapnelle denkt. In der Schlacht um die Seelower Höhen ließen nicht nur Zigtausende Soldaten ihr Leben, danach waren auch ganze Dörfer verwüstet, ganze Familien ausgelöscht. Es ist kaum möglich, gegen die Macht des historischen Ortes anzukommen, und so kapituliere ich für den Moment. Verschiebe den Übergang ins Draußensein, diese kleine Transformation, die ich nicht erzielen, nicht erzwingen kann, die sich nur dann einstellt, wenn ich sie nicht erreichen will.

Der Ort hat eine Macht über mich, die nur schwer zu deuten ist. Ist es wirklich der Ort? Oder eher das Wissen um seine Geschichte, mit dem ich den Ort auflade? Nur durch meine Gedanken, die Projektion historischer Bilder wird er mächtig. Was ich tatsächlich sehe, ist ein schöner Sommerabend unter Robinien und Buchen. Nicht eine einzige Gedenktafel steht hier. Ich versuche, mir vorzustellen, wie das tatsächlich ist, in diesen Gräben zu liegen. Wie es ist, wenn über einem die Granaten explodieren. Wenn man sein Bein verliert. Oder sein Leben.

Keine Chance.

Nicht der Hauch einer Ahnung, nicht der Ansatz eines Nachempfindens stellt sich ein. Alles, was aufkommt, sind Bilder aus Filmen.

Der Soldat James Ryan.

Die Brücke.

Unsere Mütter, unsere Väter.

Zurück bleibt ein seltsames, völlig unbegründetes schlechtes Gewissen.

Ich lasse die Hände links und rechts des Grabens über den Waldboden gleiten, über moosbewachsene Wurzelenden, feuchtes Reisig in einem Baumschattenloch, über Farne und alte Kastanien. Ich atme die schwere, etwas moderige Waldbodenluft und versuche, nicht an die Geschichte des Ortes zu denken, der ich nichts schuldig bin.

Doch dann sehe ich ihn.

Einen grauen Knochen. Direkt vor mir ragt er aus dem Erdreich.

Sofort springe ich aus dem Graben, in Angst, auf ein Skelett zu treten. Auf meiner Brust lastet auf einmal ein seltsamer Druck. Der Schreck. Aber auch Scham. Ich sollte hier nicht sein. Doch der Knochen lässt mich nicht gehen. Ich nähere mich vorsichtig, immer noch barfuß, mein Fund ist keine vier Zentimeter lang und sehr dünn. Vielleicht ein Fingerknochen. Ich rühre ihn nicht an, richte mich auf, will den Wald hinter mir lassen, der oberhalb des Schützengrabens noch mal einige Grade steiler wird. Ich beginne zu klettern, ziehe mich an den Stämmen der Buchen nach oben.

Weit komme ich nicht. Etwas hält mich zurück. Etwas, das grau ist und klein und hinter mir aus der Erde eines Schützengrabens ragt. Ob es ein deutscher oder ein russischer Knochen ist? Ob ein Knochen das überhaupt sein kann, russisch oder deutsch? Und wieso liegt er allein? Wurde er vom restlichen Körper abgesprengt?

Ich drehe mich um, steige noch mal einige Meter ab, ziehe den Knochen aus dem Boden, wische die Erde herunter. An der einen Seite ist der Knochen gesplittert und gebrochen, auf der anderen Seite weist er einen überraschend heil wirkenden Knochenkopf auf, wie eben erst aus dem Knorpelbett gezogen.

Und nun?

Zurücklegen? Beerdigen? Fortwerfen?

Ich stecke ihn ein.

Der Aufstieg durch den Waldhang wird wieder flacher, weniger mühsam. Mitten im Wald haben Jugendliche Reste einer nächtlichen Feier hinterlassen. Kronkorken. Bierdosen. Zigarettenschachteln. Der Baumbestand lichtet sich, gibt den Blick frei auf das Plateau. Eine satte Wildwiese, von der ein Geruch nach Bergkräutern herüberweht, wilder Majoran, dazwischen ein Meer aus fett glänzenden Fingerkrautblüten. Die Wolkenwand ist östlich an mir vorbeigeglitten, liegt nun bereits über Polen. Meine Füße sind dankbar für den Wechsel des Untergrunds, das Gras ist weich, nicht verholzt, hat kaum scharfe Blattränder, ist in den Schatteninseln von kleinen Mooskissen durchsetzt.

Am Rande des Bruchs, entlang der Höhen, beginnen die Oderhänge mit ihrem Steppengras, wilde, hügelige und ungemähte Weiten, Trockenrasen, es ist eines der westlichsten Steppengebiete Europas. Freies Land, auf dem das Pfriemengras im Wind wogt. Steppe, Prärie: ein Sehnsuchtsort seit Kindertagen, seit Lucky Luke und Karl May. Hier verläuft heute ein Friedenswald. Entlang der alten Heeresstraße Ost, auf der die Deutschen nach Osten wüteten und wenig später die Russen nach Westen rückten, wachsen nun, bis über die Oder hinaus und nach Weißrussland, völkerverständigende Ahornbäume, Eichen und Buchen.

Vom höchsten Punkt blicke ich ins Bruch hinab,

in die Weite, die bis an die Oder reicht. Meine Augen können die Weite nicht überblicken, ich muss den Kopf mitbewegen, um sie ganz aufzunehmen. Eine gründgelbe, im Muster der Felder gescheckte Ebene, kaum besiedelt. Ich finde die Stelle, an der ich aus der Alten Oder gestiegen bin, sehe die Brücke der Landstraße, die ich unterquert habe, das Rapsfeld, das einen gelben Gürtel um das Dorf legt, weiter außen den goldenen Weizen, oberhalb des Ortes den Bahndamm, den See am westlichen Ende, die Eichenallee, die nur so heißt, aber vor allem aus Kastanien besteht, und dann, am Horizont, den Kiefernwald, in dem ich im März vor Wölfen floh, die Rehe waren.

Das Oderbruch ist eine seltsam zwittrige Landschaft. Einerseits sind da die Weite, die Wildnis, die Störche, die inmitten der Dörfer auf alten Telegraphenmasten nisten, die kilometerlangen Alleen, fernab jeder Bebauung, die Stromkabel, die sich von Mast zu Mast hangeln, um dann, nach Kilometern, im einsamen Giebel einer Loose zu verschwinden. Neben Rehen, Bibern, Waschbären und Dachsen gibt es so schöne Tiere wie den Eisvogel, den Seeadler oder den Sumpfrohrsänger zu bestaunen.

Andererseits ist das Bruch eine reingespritzte Agrarwüste, eine Monokultur aus Mais und Weizen und Raps, und was hier einst wirklich wild war, die Wölfe und Luchse und Bären, ist nach der Trockenlegung für immer verschwunden. In den Siebzigerjahren des letzten Jahrhunderts mussten viele Weiden der Melioration weichen, die Felder wurden immer weiter vergrößert, um sie industriell zu beackern und aus der Luft mit Kleinflugzeugen zu düngen. Der Boden wehrte sich und erodierte, so ließ man wenigstens wieder einige Windschutzstreifen stehen.

Und so ist die Weite des Bruchs stets auch ein wenig trist. Nicht, weil sie verlassen wäre, sondern weil sie ein wenig gottlos daherkommt, unbeseelt und totgespritzt. Früher war man der Meinung, Melioration bedeute, möglichst viel zu tun, dem Boden möglichst viel Kultur einzuschreiben. Erst langsam kommt man dahinter, dass Melioration auch bedeuten kann, die Erde unberührt zu belassen. Doch die kleinen, chemiefrei arbeitenden Gärtnereien, Biobauern und Kooperativen sind in der Minderzahl, am Rande der gigantischen Felder leicht zu übersehen. Es sei denn, einer der neuen Imker stellt sich verteidigend vor seinen Bienenstock, um den Glyphosat versprühenden Traktor zum Umkehren zu zwingen. David gegen Goliath. Der Kampf ist noch nicht entschieden.

Die Stille ist total, sirrt in den Ohren, nur vor mir im Gras sitzt eine Heuschrecke und singt, setzt aus, macht die Stille noch lauter, steigt wieder ein. Die Schrecken zirpen so schnell, wie es warm ist, in der Mittagshitze zirpen sie am schnellsten, jetzt wird das Zirpen schon schwach. Ich bücke mich, und das Tier verstummt, dann gewöhnt es sich an den großen Schatten, reibt wieder die langen, winklig gefalteten Hinterläufe aneinander, ich kann sehen, wie das Zirpen entsteht, wie es aussetzt, doch als ich nach der Grille greife, springt sie davon.

Ich lege mich rücklings ins Gras. Es ist der längste Tag des Jahres, und er dürfte keine Minute kürzer sein. Im Wiesengrund letzte Kühle, Tau in den Blüten des Klees, von oben wärmt das Licht, und es fehlt nicht viel, dass ich zu graben beginne, eine Höhle baue, einen Vorrat an Nüssen anlege, für immer hier bleibe, meine Familie nachhole und niemals, niemals wieder in einen Supermarkt gehe, um ein in Plastik geschweißtes Biohuhn zu erstehen.

Doch etwas bringt mich aus der Ruhe. Ein rhythmischer Schattenwurf. Und wieder. Wie ein Keil fällt er über mir herab, landet vor meinen Füßen, entzieht sich rechterhand, verschwindet, pausiert, fällt dann erneut auf mich herab. Ich drehe mich um. Ich liege im kreisenden Schatten eines der Windräder. Dahinter die beiden Halbkugeln der Biogasanlage, die von den Höhen herab an einen gigantischen Busen erinnern. Umgeben von einem Teerparkplatz. Daneben ein Reifenlager. Schließlich eine kilometerlange, das

Abendlicht blendend emporspiegelnde Fläche: ein neuer Solarpark, mannshoch umzäunt.

Das System ist hier noch nicht?

Von wegen.

Obwohl ich den Knochen eines Weltkriegssoldaten mit mir führe, komme ich leichter zurück, als ich aufgebrochen bin. Die Sonne steht nun so tief, dass sie beinahe horizontale Lichtstrahlen über das Weizenfeld wirft, die Halme und Grannen erhalten eine Korona aus Licht. Nicht einmal der Traktor mit den weit ausgreifenden Spritzarmen, der neues Phosphat auf den Weizen sprüht, kann mich aus der Ruhe bringen. Ich fühle mich aufgekratzt und müde zugleich, wie nach einer durchwachten Nacht. Das Waten durchs Wasser, der Blick ins Bruch, das Liegen im Gras, es hat mich klar gemacht.

– Na, zum Barfußindianer jeworden?

Mein märkischer Nachbar.

Bekräftigt, dass ihm ein Huhn ausgebrochen sei.

Sieht aber eher so aus, als habe er am Hoftor auf mich gewartet.

Ich lade ihn auf die Bank unterm Birnbaum ein. Die Sonne steht als tiefer, runder Ball über dem Feld. Der Traktor hat die Spritzdüsen hochgeklappt und entfernt sich mit leiser werdendem Tuckern über die Landstraße. Die Fichten hinter uns werfen einen kühlen Schatten. Wir stoßen an. Trinken aus den Flaschen. Gucken aufs Feld. Dann ziehe ich den Knochen aus der Tasche. Reiche ihn rüber. Mein Nachbar wirft einen kurzen Blick drauf, grinst. Nimmt einen tiefen Schluck aus der Flasche. Macht es spannend. Wirft ihn dann in weitem Bogen aufs Feld.

– Warste oben inne Gräben?

– Schätz mal, schon, ja.

– Und warum trägste dann dit Beenken von nem Waschbär mit dir spaziern?

6. Kapitel

Luftkampf

Der Hochsommer kommt nicht recht in Gang. Es ist Anfang Juli, aber nass und schwül, morgens steht Nebel über dem Bruch. Die Luft riecht modrig, nach feuchtem Feld; Mücken, Schnaken, Gnitzen und Bremsen fühlen sich wohl wie seit der Trockenlegung nicht mehr. Doch wenn die Sonne mittags dann durchbricht, beginnt der Sand auf der Dorfstraße zu dampfen, und die Gänseküken, die wie kleine, flaumige Tennisbälle umhereilen, trocknen ihre jungen Gefieder.

Der Weizen am Dorfende steht starr und gelb, auch der Mais ist endlich gedrillt und angewachsen. Das ganze Oderbruch scheint fruchtbar zu sein, abzüglich der dreißig Quadratmeter meines eigenen Beets. Inzwischen ernte ich nicht einmal mehr Radieschen. Gurken, Zucchini und Kohlrabi sind von Schnecken zu schaurigen Hohlkörpern zerfressen, die in die Erde faulen, kaum dass sie ihr entsprungen sind.

Was mache ich falsch?

Und warum sind das Gelingen und ich auch auf anderen Gebieten einander so feind?

Wieder rutscht mir der Mörtel vom Brett, bevor ich ihn mit der Kelle in die Fuge drücken kann. Die Sonne brennt im Nacken, das T-Shirt ist nass, auf der Stirn perlt der Schweiß. Zu meinen Füßen türmt sich bereits ein beachtlicher Mörtelberg, eine Tropfsteinformation voll flachgeschrumpfter Stalagmiten. Vielleicht bietet ja diese unfreiwillig errichtete Zweitmauer wenigstens etwas Schutz vor Wind und Regen?

Auf einmal zieht ein Rauschen über mich hinweg. Doch als ich zum Himmel aufsehe, ist da nichts. Ich blicke in alle vier Himmelsrichtungen. Nur Luft. Dann rast erneut etwas über Schuppen und Innenhof, steigt über dem Wirtschaftsgebäude auf. Ein Schatten. Zwei Schatten. Erst beim dritten Überflug erkenne ich einen kleinen Raubvogel, der mit angeklappten Flügeln hinter einer der Birminghamtauben meines märkischen Nachbarn her ist.

Der Raubvogel jagt die Taube um einen Kirschbaum, aus dem eine Wolke vollgefressener Stare stiebt. Die Kirschernte ist dürftig in diesem Jahr, die Blüte hat im April Frost abbekommen. Und die wenigen Früchte schnappen sich die Stare. Die Birminghamtaube flattert um ihr Leben, hält auf meinen Schornsteinkopf zu, ihren Verfolger kaum fünf oder zehn Meter hinter ihr.

Ein Sperber.

Die Unterseite weiß und schwarz gebändert, die beiden Greifkrallen orange und bereits zum Fang vorgestreckt. Als der Sperber nach oben zieht, sehe ich seine blaugrauen Deckfedern. Er ist klein, wendig, im Kampfflug erprobter. Genauer in seinen Bewegungen. Braucht nur minimal seine Flügelspitzen zu verstellen, um einen neuen Kurs aufzunehmen. Schlägt wenige Male mit den Flügeln, während die Taube hilflos flattert.

Ich lege den Kopf in den Nacken, lasse die Mörtelkelle fallen. Der Flug der Taube ist ruppig, der Flug des Sperbers ist schneidig, rasant. Der Abstand zwischen den Vögeln verringert sich. Die Birminghamtaube scheint zu merken, dass sie in Geschwindigkeit und Flugmanöver unterlegen ist, lässt sich nun über dem Innenhof nach unten fallen. Wie ein Stein kippt auch der Sperber nach unten, knapp über dem Boden fangen die beiden sich.

Die Taube steigt wieder auf, kippt über dem First zur Seite, steigt dann unerwartet auf. Der Sperber hat das letzte Manöver nicht mitgeflogen, braucht das erneute Absinken der Taube nur noch abzuwarten. Zwei, drei starke Schwingenschläge, dann legt er die Flügel plan an den Rumpf. Mit seinem gelben Räuberschnabel schnappt er sich die Taube. Ein unglaublicher, farbloser, irgendwie nicht an den Himmel gehörender Tropfen Blut schießt hervor. Die beiden Schatten sind nun eins, der Sperber flattert gegen die Last an, verliert mit seiner Beute an Höhe.

Ich muss mich erst einmal neu orientieren, so weit haben mich die beiden Vögel, von denen der eine tötet und der andere stirbt, nach draußen geführt.

Mörtel, Kelle, Mauer.

Taube, Sperber, Nachbar.

Dann laufe ich los.

Etwas geschieht, ich reagiere darauf. Zum Abwägen bleibt keine Zeit. Im Freien bin ich dem ständigen Zwang zu entscheiden enthoben, und die Angst vor der falschen Handlung pausiert. Was ich im Freien tue oder auch unterlasse, hat keine Auswirkungen, die mühsam auszuloten sind. Es wird mich nicht reicher machen, vielleicht aber glücklicher, und wenn nicht, ist das auch nicht weiter schlimm.

Ich muss keine Experten zu Rate ziehen und nicht das Internet, ich muss mich mit niemandem vergleichen, mit keinem Freund und keinem Feind, auch nicht mit Albert Schweitzer oder Mahatma Gandhi, neben denen noch das gelungenste Leben wie ein einziges Scheitern wirkt. Im Freien muss ich auf keine Party gehen und keine Kollegen treffen, dem Chef keinen Gefallen tun und keine neue Bewerbung aufsetzen. Ich darf loslassen. Ich verpasse nichts, muss nichts hinterherrennen, da ich im Wortsinne gerade am Rennen bin.

Außer Atem bleibe ich stehen.

Am nassen Feldrand, wo der Raps endet und der Acker mit den jungen Maispflanzen beginnt, gehen Sperber und Taube zu Boden. Sie ringen noch einige Sekunden, fast sieht es aus, als würden sie tanzen, Federn fliegen auf, dann kippt der Taubenkopf zur Seite, und einen kurzen Moment ist es absolut still.

– Mistvieh, verdammtes!

Mein märkischer Nachbar rennt in langbeinigen Schritten durch den Raps. In der Hand hält er ein Fernglas, mit dem er in der Luft herumfuchtelt, als wolle er den Sperber damit erschlagen. Der Sperber sieht den nahenden Menschenschatten, greift sich die Taube, zerrt sie halb fliegend, halb taumelnd in den Deckung gewährenden Rainfarn.

Ich will meinen Nachbarn davon abhalten einzugreifen, er soll dem Naturschauspiel kein unnatürliches Ende bereiten. Ich gehe ebenfalls über das Rapsfeld, die Pflanzen sind feucht und doch welk und vergilbt, bilden in ihren Schoten schon schwarzen Samen aus. Auf dem Kampfplatz treffen wir zusammen. Mein Nachbar hebt nicht den Blick, grüßt nicht, starrt nur auf die Reste seiner Taube. Weiße Federn, blutgetränkt, an einigen klebt Horn. Und bei dem Anblick weiß ich auf einmal nicht mehr, was hier eigentlich naturgegeben, was unnatürlich ist.

Ich wechsle die Seiten, fühle nicht mehr mit dem Jäger, sondern mit dem Gejagten, Schwachen, Schutzlosen.

– Abmeucheln! Alle abmeucheln müsst' man die. Falken, Milane, Sperber, allet! Und die vermaledeiten Biber ooch!

Mein märkischer Nachbar hat weniger romantische Kategorien davon, was naturgegeben ist. Die Biber sind keine kleinen Nagetiere, die man staunend sichtet, wenn man durch die Alte Oder watet – sie fällen reihenweise Bäume, stauen die Altarme, untergraben den Deich. In den Augen meines Nachbarn gefährden die Biber seinen eigenen Lebensraum. Natur, die ihm nicht dient, hat er nicht so gern. Deichschutz geht vor Artenschutz, sagt er gern. Und wer sich eine seiner Birminghamtauben krallt, ob Sperber, Habicht oder Roter Milan, ist weniger die Natur als der Feind.

Vielleicht hat er ja recht? Warum sollte ausgerechnet ein Sperberangriff naturgegeben sein, wo ohnehin nichts mehr naturgegeben ist. Das Oderbruch: von königlich-preußischen Deichbauingenieuren und Vermessungstechnikern trockengelegt. Eine totale Kunstlandschaft. Die Felder: eine Agrarwüste, totgespritzt. Die Dörfer: Ansammlungen von zweibeinigen Fremdkörpern, deren Trachten darin besteht, sich Stück um Stück die eigene Lebensgrundlage zu nehmen. Es ist offenbar komplizierter, als ich es haben möchte, wenn ich nachts im Wald einem Rudel Wildtiere lausche, oder Kraniche beobachte, mitten im Feld.

Und so ist das Draußensein ein wenig verwöhnt. Es muss sich um nichts scheren, nicht um Gefahr, nicht um Nutzen, nicht um Konsequenz. Es muss keine Ernte einfahren und nicht in der Mast brillieren. Draußensein ist eine Effizienz-Wunde, die gut ist für den Organismus, da sie ihn widerstandsfähiger macht gegen alle Gebote der Verwertbarkeit. Was ich tue, wenn ich im Freien bin, ist zu nichts gut. Es verlängert nicht die Lebensspanne meines Hofs, füllt keine Staatskassen, es führt nicht zu schwerem Fang am Haken und nicht zu besserer Lesbarkeit, es löst keine kniffligen Probleme durch Variationen im Betriebsablauf, spart kein Porto und führt nicht schneller zum Ziel. Es ist die totale Nicht-Verwertbarkeit, die das Draußensein so unbedingt, in seiner Gelassenheit so überlegen, so allumfassend und archaisch macht.

Und dann erlebe ich etwas Überraschendes. Mein märkischer Nachbar wütet nicht, wie es seine Art ist, er schweigt. Er schimpft nicht, nein, er heult. Wer ihm seine Taube klaut, klaut etwas von ihm selbst.

Der Moment ist mir unangenehm, ich sehe weg. Inmitten von Rainfarn, wo der Sperber, durch die Halme von unseren Blicken verborgen, seine Beute zerlegt, ist ein Knacken zu hören. Ein gegen die vorgesehene Richtung gebrochenes Taubengelenk? Vielleicht auch nur zwei verholzte Ähren, die in einem Windstoß aneinandergeraten sind.

Mein märkischer Nachbar lässt sein Fernglas sinken, als merke er erst jetzt, dass es ihm nicht mehr von Nutzen ist.

– Hier, kannste haben. Wenn de mal wieder romantisch wirst.

– Was?

– Na, wenn de mal wieder uff Tour jehst. Käferken kieken und Blüten beim Uffklappen und weeß ooch nüscht, was de da so treibst. Kannste janz jenau mit hinkieken. Biste mittenmang, damit.

– Tut mir leid mit deiner Taube.

– Ick will dir nen Rat jeben. Parlier nüscht von Dingen, wo de keene Ahnung von haben tust!

7. Kapitel

Grenzgänger

Am Horizont zieht eine Staubwolke auf.

Wildtiere?

Oder eine Windhose?

Die Sonne steht schon tief, mein Schatten reckt sich weit nach Osten auf dem trockenen, sommerheißen Feldweg. Mücken mit langen, im Flug nutzlos herabhängenden Hinterbeinen taumeln wie besinnungslos durch die Luft.

Die Staubwolke, am Ostende des Weges, kommt gemächlich, aber beständig näher. Es gibt keine Abzweigung, der Feldweg ist schmal. Ich nehme das Fernglas, das ich bereits im Rucksack verstaut hatte, wieder zur Hand, schaue durch das Okular, stelle scharf.

Ein Polizeiwagen.

Bundesgrenzschutz.

Ich habe nichts verbrochen, soweit ich weiß. Allerdings weicht die Einschätzung der Staatsmacht hierbei manchmal von meiner eigenen ab. Ein unfreiwillig begangenes Verbrechen ist keinerzeit auszuschließen. Notfalls bietet sich auch immer noch die ein oder andere Ordnungswidrigkeit an.

Es ist nicht meine erste Begegnung mit der Staatsmacht im Niemandsland. Ich kenne das surreale Drehbuch, nach dem diese Begegnungen ausfallen. Undenkbar, dass die Beamten mich nicht aufgabeln, ausfragen und aufhalten werden. Sie können einfach nicht anders.

Die Staubwolke kommt immer näher, gibt nun auch ohne Fernglas einen Polizeiwagen frei. Er hält direkt auf mich zu. Die Schwalben mit ihren Frackschwänzen bleiben ungerührt auf dem Kabel einer Stromleitung sitzen, das in langen Schwüngen von Mast zu Mast verläuft.

Ich aber schüttle mir den Staub vom Saum meiner Kleider und stehe auf.

Einige Stunden zuvor.

Ich gehe immer weiter nach Westen, die Augen zusammengekniffen, das Licht ohne Gnade, flirrender Blütenstaub in der Luft, Gewitterfliegen, Kommafliegen, wie sie mein märkischer Nachbar nennt, die sich mir ins Haar, auf die Gesichtshaut saugen. Rechts von mir verblühender Flieder, dann ein Kastanienhain, in dem zwei Entwässerungsgräben im Winkel ineinanderfließen, kühlerer Dunst streift mich am Unterarm, während auf der linken Seite unverbrüchlich die Sonne brennt.

Seit Kilometern gehe ich durch aufgeheizten Weizen, dessen Ährenstaub mir trocken in der Nase liegt. Weiß, beinahe gleißend liegt das Korn in der Sonne, darüber nur Himmel, ich mittendrin. Es ist Ende Juli, die Hitze steht seit Tagen, immer ist es hell: wenn ich aufwache, wenn ich ins Bett gehe; und die wenigen Stunden dazwischen schlafe ich nicht, sondern döse in tropischen Laken.

Von einem niedrigen, schwachen Weidenstamm ist die Rinde gelöst, nicht abgefressen, sondern durch einen Rehbock heruntergefegt, mit dem Geweih vom Stamm geschabt. Die offene Wunde des Baums wirkt frisch. Der Bock muss noch in der Nähe sein, ich habe bereits seine Losung gesichtet, kleine, schwarze Köttel, und will ihn unbedingt aufspüren.

Der Weizen reicht mir bis zum Bauch, ich überblicke ein Meer aus Halmen und Ähren, greife einen der Blütenstände und ziehe ihn vom Halm, schäle die noch jungen, weißen Körner aus den Spelzen, zermalme sie zwischen den Zähnen, kaue das warme Mehl.

Was ist das?

Eine der ältesten genutzten Kulturpflanzen, direkt vom Feld geerntet?

Oder von Monsanto patentiertes Saatgut voll Glyphosat?

Nicht denken. Endlich nicht denken.

Weitergehen.

Eine Bremse landet auf meinem Unterarm, ich schüttle sie ab, sie federt zu Boden, steigt wieder auf, umfliegt mich, setzt am Ellbogen wieder an, ich lasse sie zwei, drei Sekunden gewähren, sehe zu, wie sie den Saugrüssel ausfährt, die Stechborsten einhakt.

Dann schlage ich zu.

Das Problem mit dem Einssein ist ja, dass es so lächerlich klingt. Mir fallen nur dumme Witze dazu ein. Ein Zen-Meister bestellt sich ein Sandwich: »Eins mit allem, bitte!« Was ist ein schizophrener Buddhist? Einer, der mit dem Universum zwei ist. Wie viele Zen-Buddhisten benötigt man, um ein Fahrrad zu reparieren? Einen, der das Fahrrad repariert. Einen zweiten, der das Fahrrad nicht repariert. Und einen dritten, der das Fahrrad weder repariert noch nicht repariert.

Und so weiter.

Auch wenn es lächerlich klingt, ist das Einssein dem Zweisein natürlich weit überlegen. Wenn ich mich abspalte und trenne von dem, was mich umgibt, fühle ich mich auch nicht dafür verantwortlich. Dann kann ich ausbeuten und missbrauchen, dann kann ich mich über meine Mitmenschen stellen und mich als etwas Besseres fühlen. Dann kann ich Säure verklappen und Lohn dumpen, Kinder anstellen und Diesel verbrennen.

Auch die spirituellen Schulen mit ihren Meistern, die Bhagwans und Oshos, die Schamanen und Druiden wollen ja ganz gern eins mit allem werden, wenn ich das richtig verstanden habe. Nicht den Einen über den Anderen stellen, nicht den Menschen über die Natur. Doch viele von ihnen erlassen dabei gleich wieder so viele neue Regeln und Dogmen, Kleidervorschriften und Gebetsriten, dass von Draußensein, von Freiheit in meinen Augen nicht recht die Rede sein kann. Ihr Problem ist vielleicht, dass sie zwar die richtigen Fragen stellen, aber dem Glauben erliegen, es gäbe auch richtige Antworten darauf.

Auch ich möchte ganz gern mal eine Frage stellen. Notfalls gar eine große. Woher? Warum? Wohin? Ich möchte nur gar keine Antwort darauf finden. Nicht glauben, ich sei weiter, nur weil ich tumb in den Sommerhimmel hinaufstarre. Nicht glauben, ein Nachtgebet, eine Schüttelmeditation, das Visionsfasten seien der richtige, exakt einzuhaltende Weg, um ins Freie zu kommen.

Die Herausforderung besteht vielleicht darin, die Spannkraft der Frage auszuhalten. Sie nicht als Bedrohung zu empfinden, nicht als etwas, das aufgelöst werden muss, sondern als etwas, das einen lebendig und sehnsüchtig hält. Frei. Damit wäre es wahrscheinlich sofort wieder vorbei, wenn ich tatsächlich eine Antwort fände. Dann wäre ich sofort wieder drinnen.

Manchmal erscheinen sie mir wie gefährliches Spielzeug, die Esoterik, die Religion oder das Internet: etwas, das man mir gibt, damit ich abhängig bleibe, abgelenkt, und nicht merke, wie wenig ich eigentlich brauche, um da zu sein.

Luft, sauber.

Sicht, grenzenlos.

Wenn ich drinnen bin, glaube ich, das sei alles alternativlos, das Auslandsjahr in den Staaten, das Praktikum bei Daimler, das Sprachtraining in Paris. Erst wenn ich draußen bin, ahne ich, dass all das nur die bürgerlichen, ölschluckenden Insignien von Normen sind, die zukünftig wohl nicht mehr zu leisten sind.

Die gegenwärtige Meinung besagt ja: Die Welt ist komplex, und die Populisten vereinfachen sie. Aber was, wenn die gegenwärtige Meinung irrt? Wenn doch alles ganz einfach ist? Nur anders einfach als von den Populisten behauptet? Es gibt eine einzige Größe, die mich trägt, und diese Größe mache ich von früh bis spät kaputt. Durch die Art, auf die ich mich ernähre, durch die Art, wie ich reise, durch die Art, wie ich mich bilde, durch die Art, wie ich mich erhole, durch die Art, wie ich hause. Wenn ich drinnen bin, sind Leben und Zerstören eins geworden.

Es ist ja nicht unbedingt ein Ausdruck geistiger Gesundheit, wenn ich für ein Stipendium nach Rom fliege. Schon wieder einen neuen Computer kaufe.

Kubikmeterweise Erdgas verbrenne. Doch seltsamerweise tue ich das alles. Warum? Weil man mir weismacht, ich würde sonst nicht mehr teilhaben. Mich nicht gegen die Konkurrenz behaupten. Den Anschluss verlieren.

Und so ist es nicht nur die Materialschlacht des Systems, die mich niederringt, es ist auch die Beschleunigungsspirale, die der Absage an jeden Durchschnitt entspringt: Sei nicht gut, sondern sei besser, denn sonst bist du nichts! Im Freien kann ich mich wehren dagegen. Im Freien muss ich niemanden überholen und niemanden übertrumpfen. Ich muss keinen Achttausender besteigen und nicht tiefer tauchen als der ganze Rest. Wenn ich im Freien bin, darf ich einmal ganz und gar durchschnittlich und dabei ganz und gar gelassen und glücklich sein.

Da, vorne!

Oder täusche ich mich?

Nein, es stimmt. Ein junges Reh.

Es schreckt auf, sowie ich den Kastanienhain hinter mir lasse. Reckt seinen Kopf, starrt in meine Richtung, kann nichts riechen, es steht im Luv. Das Tier, ein junger Bock, richtet sich seitwärts aus, zum Sichern, den Hals weit vorgestreckt. Er wittert. Starrt. Verharrt.

Ob es derselbe ist, der die Rinde von der Weide gefegt hat?

Der Bock steht keine hundert Meter von mir entfernt, ich hole das Fernglas meines Nachbarn hervor. Als ich es an die Augen führe, zieht sich der Bock mit einigen schnellen Sprüngen und gestreckten Hinterläufen in die Wildwiese zurück.

Ich verliere die Sicht, verfolge das Tier mit bloßem Auge. Nur noch die breiten, braungrauen Ohren, das kleine Geweih und der dreieckige Kopf sehen aus dem Dornendickicht aus Schlehen und Wildrosen hervor, das den Entwässerungsgraben begrenzt.

Ich setze das Glas wieder an, sehe die Korbblüte einer Mariendistel, die Rispen von Ruchgras, habe den Bock dann genau im Visier. Die gekrümmte Wirbelsäule. Kruppe und Widerrist unter glänzendem, rötlichem Fell. Die Läufe sind innen heller, auch der Unterbauch ist beinahe weiß. Der Körper insgesamt wird von einer grazilen Spitze nach hinten hin massiger, wie ein Keil.

Ich sehe die quer stehende Pupille. Sehe das innenliegende Weiß der Ohrmuscheln. Sehe die weißen Flecken an der Oberlippe. Sehe Vordersprosse, Mittelsprosse, Hintersprosse, die Verzweigungen des Geweihs.

Und doch komme ich dem Tier nicht nah.

Das Fernglas ermöglicht einen vertraulichen Blick auf das Reh – und hält es doch auf Distanz.

Beinahe ist es, als würde ich einen Tierfilm ansehen. Ich beobachte, analysiere, zerlege das Tier in seine biologischen Bestandteile, denen findige Menschen schöne Fachwörter zugeteilt haben. Leithaare. Wollhaare. Sommerkleid. Das Fernglas ist mir zum Sezierglas geworden. Die Weite zum Labor. Es ist seltsam. Sehe ich hin, mit bloßem Auge, steht mir das zu. Sehe ich mit Fernglas, werde ich zum Voyeur.

Ich lasse das Fernglas sinken.

Der Rehbock verfolgt jede meiner Bewegungen genau. Seine Pupille, die Lippenpunkte kann ich nun nicht mehr erkennen. Dafür begreife ich erst jetzt, dass sich ein ganzer Sprung Rehe in der Wiese versteckt hält, Rastplatz und Äsungsfläche in einem. Mindestens ein Dutzend Tiere, prächtige, rötliche Ricken mit weißen Spiegeln, die bis zu den Bäuchen im Gras stehen, allesamt blicken sie in meine Richtung. Auf einmal fühle ich mich, der ich eben noch den Bock beobachtete, selbst beobachtet. Seit wann haben mich die Tiere im Visier?

Wenn ich einen Schritt in ihre Richtung gehe, weichen sie ein oder zwei Meter zurück. Bleibe ich stehen, verharren auch sie. Etwa fünfzig Meter bleiben unüberbrückbar zwischen Tier und Mensch. Sie scheinen keine Angst vor mir zu haben, aber sie wollen mich auch nicht in größerer Nähe wissen. Ich verlasse dennoch den Feldweg in Richtung der Herde. Unter mir knicken Halme, Kriebelmücken schwirren hervor. Die Rehe weichen zurück; unaufgeregt, aber zielstrebig trabt die Herde davon. Das seidene Streifen der Felle durchs hohe Gras ist bis zu mir zu hören. Sie fliehen nicht, stehen aber nun tiefer im Feld.

Ich überlege, wie ich den Tieren näher kommen kann. Ohne Fernglas. Wie ich bei ihnen, unter ihnen sein kann. Wenn ich weiter auf sie zugehe, treibe ich sie nur vor mir her. Wenn ich ihnen näher kommen will, muss ich mich eher von ihnen entfernen. Also gehe ich langsam zurück auf den Feldweg. Bleibe stehen. Die Herde entspannt. Die ersten Tiere sichern nicht mehr, senken die Schnauzen ins Gras, beginnen wieder zu äsen.

Das Knirschen von Sand und Kieseln unter meinen Sohlen erscheint mir auf einmal laut. Doch die Rehe sehen nicht auf. Sie haben meine Entfernung als sicher eingeschätzt. Ich setze mich auf den Feldweg. Von hier unten sehe ich nur noch Geweihe, die wippend über die Gräser ragen, einzelne Schnauzen, die nach einem Halm zupfen und dann, wenn die Wurzel aus dem Erdreich reißt, mit dem Nacken ein wenig in die Höhe schnellen.

Und dann geschieht etwas, das ich nicht für möglich gehalten hätte. Plötzlich sind es die Tiere, die sich mir annähern. In unsicheren Schüben pirschen sie in meine Richtung, wo die Wiese noch fetter ist. Der Bock kreuzt fünfzig Meter vor mir den Feldweg, sieht nur knapp herüber zu dem seltsamen Menschen, der dort im Staub sitzt. Sichert vor der Querung. Sichert nach der Querung. Dann setzt eine Ricke nach, eine zweite, und bald äsen die Tiere auf beiden Seiten des Weges, sie lassen mich zu, sie kreisen mich ein.

Ich will noch mehr spüren, ziehe das T-Shirt aus und lege mich in den Sand, und die Sonne verbrennt mir die Haut, und ich genieße den Schmerz, und von unten stechen Kiesel in meine Haut, und ein langsamer, warmer und weicher Wind erzeugt trotz der Hitze auf meinen Unterarmen eine Gänsehaut. Das Gras rahmt mich und nimmt mir die Sicht, der Feldweg führt mich, auch wenn ich liege, und bei geschlossenen Augen sehe ich tanzende Sonnenflecken auf meiner Netzhaut, psychedelische Muster, die wie in einem Kaleidoskop ineinanderfallen und auseinanderdriften, explodieren und implodieren, und ich beginne, mich vom Gewicht meiner Gedanken zu lösen. Ganz nah beginnt eine Grille zu zirpen. Ich rieche heißen Sand.

Geschafft.

Ich bin raus.

Raus aus Kind und Kita, aus Abgabe und Postfacheingang. Aus Gasanbieterwechsel und E-Mail-Log-In. Raus aus Attest und Gesundschreibung. Aus »Ich bring uns nach der Arbeit noch schnell was vom Imbiss mit« und aus »Wer hat schon wieder keine

Spültabs gekauft?« Raus aus Name, Vorname und Anschrift. Raus aus Kontoverbindung und Geburtsjahr. Raus aus Augenreiben und Nackenschmerzen. Aus Trump und Brexit. Raus aus »Das Passwort ist falsch« und aus »Ich versuch's mal vegan«. Raus aus »Wie heißt der Vorname Ihrer Mutter?« und raus aus dem angeblich so familienfreundlichen Home-Office-Modell.

Ich habe einmal eine Geschichte von einem Mann gelesen, der von der Golden Gate Bridge sprang, weil er nicht mehr leben wollte. Seine Sorgen waren so erdrückend geworden, dass er keinen anderen Weg für sich sah. Doch dann, kaum dass er abgesprungen war und auf das Wasser zustürzte, drehte sich etwas. Alle Sorgen, die er gehabt hatte, schienen geradezu niedlich im Vergleich zu der einen, dass er gerade von der Golden Gate Bridge gesprungen war.

Der Mann überlebte natürlich, sonst hätte er uns die Geschichte nicht erzählen können. Und ich finde sie großartig, zeigt sie doch einen dieser Kipppunkte, die man benötigt, um aus seinen Gewohnheiten zu finden. Um wieder zu wissen, wie groß oder eben wie klein unsere Sorgen tatsächlich sind. Wie schlecht es uns tatsächlich oder dass es uns in Wirklichkeit vielleicht doch ganz gutgeht.

Das Schöne am Draußensein ist, dass ich diesen Kippmoment gewissermaßen gratis geliefert bekomme. Ohne Lebensgefahr. Ohne zuvor von der Golden Gate Bridge springen zu müssen. Ein Feldweg in der Nachmittagsglut genügt vollauf.

Irgendwo brummt Motorenlärm.

Ich richte mich auf, halte Ausschau.

In der Ferne drehen zwei Mähdrescher leise Runden, sie sind zu weit entfernt, als dass ihre Motoren zu hören wären. Gewaltige Mengen Erntestaub steigen zu Wolkentrichtern auf. Das Feld, neben mir noch voller Weizenähren, trägt zum Horizont hin nur mehr holmige Stoppeln. Alle paar Minuten lässt der Mähdrescher Strohballen zurück, die nun die Weite strukturieren, zum Horizont kleiner werden, im Staub der Erntekolonne verschwinden.

Vom Ende des Feldwegs nähert sich eine andere Staubwolke.

Ich lege erneut das Fernglas an.

Erkenne den Streifenwagen. Ziehe das T-Shirt an und richte mich auf. Die Rehe fliehen behände ins Feld.

Nicht zu fassen. Da hat man's endlich einmal geschafft und ist draußen. Und was passiert? Es kommt sofort die Polizei.

Die Streife nähert sich bis auf wenige Meter, hält vor mir an. Das Einzige, was mir an ihr gefällt, ist die Staubschicht auf Kotflügeln und Motorhaube. Selbst das ausgeschaltete Blaulicht, in dem sich die

Sonne verfängt, wirkt grau, gedämpft. Ich erwarte die Beamten, einer bleibt am Steuer, der andere steigt jetzt aus. Die Schwalben auf der Stromleitung fliegen in den Himmel auf, als die Autotür ins Schloss fällt.

Ich kann mich nicht ärgern darüber. Meine Gefühle sind gedämpft, wie weichgekocht von der Sonne, mein Inneres tiefenentspannt. Lieber würde ich kein Bundesgrenzfahrzeug vor mir sehen, keine Beamten, aber ich verfalle auch nicht in den Kampfmodus, lege keine ironischen Bemerkungen zurecht. Versuche stattdessen, zwischen Uniformkragen und Bundesgrenzschutzkappe ein paar Zentimeter Individuum zu erkennen. Einen Menschen, der bei der Hitze auch lieber an der Oder sitzen und angeln würde, aber in eine seltsame Zeit geboren wurde, voller Grenzen und Trennlinien, die so unglaublich schwer zu überwinden sind. Und so versuche ich, nicht mit Spott zu reagieren, mich auf ein Kräftemessen gar nicht erst einzulassen, die Absurdität des Beamten, der sich noch im Niemandsland wichtig gibt, gar nicht erst vorzuführen.

Nur eines, das habe ich mal wieder nicht geschafft: an meinen Ausweis zu denken.

– Ihren Ausweis, wenn ick bitten darf.

– Meinen Ausweis?

– Jut zujehört. Ihr Segelschein interessiert mir nämlich nüscht.

– Also, meinen Ausweis …

– Wohin sind Se unterwegs, so nah an die Grenze?

– Wohin? Nirgendwohin. Also, eigentlich bin ich schon angekommen.

– Machen Se keine Witze. Ham Se jetrunken? Drogen konsumiert?

Und was für Drogen!

Richtig hartes Zeug. Ich habe schon immer den harten Konsum dem weichen vorgezogen. Wenn schon Drogen, will ich die totale Dröhnung, den kompletten Absturz. Ich habe nie verstanden, was das bringen soll, das eine Bier zur Entspannung, also das kurze Schnuppern der Abendluft am gekippten Bürofenster. Einmal eingeatmet, kann ich nicht mehr aufhören damit, muss ich weiteratmen, noch eine Stunde und noch eine, dann muss ich raus, dann will ich den totalen Rausch. Erst wenn ich den gefunden habe, wenn ich draußen bin, wenn ich nicht mehr klar denken kann oder das Denken am besten ganz eingestellt habe, erst wenn ich torkle vor lauter Draußensein, dann gebe ich meinen Konsum wieder auf.

– Natürlich nicht, sage ich. Es tut mir leid, dass ich meinen Ausweis zu Hause liegen gelassen habe. Wenn Sie möchten, führe ich Sie dorthin.

Ein Tagpfauenauge fliegt vorüber, mit prächtigen Augenflecken auf Vorder- und Hinterflügeln, es lässt sich auf einer vertrockneten Schafgarbe nieder, klappt die Flügel nach oben, die von unten graubraun gefärbt sind und so eine gute Tarnung bilden. Der Mann versucht herauszufinden, was meinen Blick gefangen nimmt, aber er sieht es nicht.

Ich nenne ihm meine Adresse.

Er lässt mich gehen.

Setzt sich in den aufgeheizten Wagen zu seinem Kollegen. Startet den Motor. Der Wagen fährt an. Und entfernt sich in einer Staubwolke.

Stille.

Die Sonne habe ich nun im Rücken, grobkörnig geworden und mild, sie wird mich sicher ins Dorf zurück führen.

Obwohl ich bereits zu Hause bin.

Am nächsten Morgen um halb sieben weckt mich ein kratzendes Geräusch, das durch die Hauswand dringt. Direkt am Kopfende des Bettes. Noch etwas benommen taumle ich in den Hof. Mein märkischer Nachbar steht auf einer aufgebockten Holzplatte, mit einer Maurerkelle in der Hand, neben ihm ein Eimer voll Mörtel.

– Juten Morjen!, ruft er.

– Ähm?

– Noch nüscht ausjepennt? Zu lange druff jewesen, gestern, nehm ick mal an?

– Was?

– Ick hab jehört, du hast mit die Rehe jetanzt. Sollst total zujedröhnt jewesen sein.

– Wovon redest du überhaupt?

– Na, wo Kalle von ausjeplaudert hat.

– Kalle?

– Kleener Tipp: Ihr kennt euch. Seit gestern. Noch nen Tipp: Er trägt manchmal Uniform!

So langsam dämmert mir etwas. Und ich würde viel dafür geben, diesen einen Morgen allein zu verbringen. Offenbar nicht möglich. Mein märkischer Nachbar steigt von der aufgebockten Platte und greift nach einem selbstgebrauten Bier, das er im taunassen Gras versteckt hielt.

– Was machst du hier überhaupt?, frage ich.

– Na, dit nenn ick Dankbarkeit.

Er entkorkt sein Eigenbräu und nimmt einen langen Schluck.

– Ohne jutet Frühstück jeht natürlich jar nüscht! Is ja schön und jut mit Rehe kieken und Waschbärknöchel sammeln. Jibt aber Leute, die noch klüjer war'n wie du. Die haben herausjefunden, dass nach 'em Sommer der Herbst kommt. Und so wie dit hier aussieht, pfeift's dir dann direktemang ins Bett!

– Es ist halb sieben, stelle ich fest.

– Halb sieben und schon jefrühstückt? Dit nenn ick preußische Tugend!

Er setzt die Flasche ab und klettert mit seinen langen Beinen wieder auf den Bock.

– Ick tu da nämlich so ne Technik haben, die klappt nur bei Morjentau. Später würd dir dit inner Sonne verbrutzeln. Musste so'n Schwupps mit die Finger machen, siehste, sickert dir dit von janz allein inne Fuge. Hier, haste jesehn, so'n Schwupps, mit, ach verdammt, daneben.

Ein dicker Klecks Mörtel landet auf dem Boden. Mein Nachbar betrachtet erst die Kelle, dann den Mörtelklecks zu seinen Füßen.

– Zeit für'n zweetet Fruchtstück, wenn de mir fragst!

8. Kapitel

Flucht übers Feld

Die Dogge bricht ohne jedes Geräusch aus dem Mais. Sie steht mir direkt gegenüber. Ihr Kopf auf Höhe meiner Brust. Spitze, dreieckige Ohren. Schwarzglänzende Augen. Der kantige Kiefer langgezogen, die Lefzen geschlossen. Speichel geifert in zähen Fäden aus ihrem Maul herab, ohne sich von der Dogge zu lösen.

Ich spüre mich nicht mehr. Werde so leicht, dass es kribbelt, dass ich einen Moment lang glaube, ich würde in den Himmel gezogen, vielleicht schon gebissen, vielleicht schon verblutet, doch ich spüre keinen Biss und werde nicht in den Himmel gehoben, sinke vielmehr mit weichen Knien zu Boden, schneide mir haltsuchend am Mais die rechte Handfläche auf.

Und gebe mich diesmal verloren.

Schuld an meiner misslichen Lage ist der Waldkauz. Schlaflos habe ich seinen Tönen gelauscht.

Er beherrschte den fiesen Trick, jeden Moment, in dem der Schlaf endlich zu mir fand, mit einem gutturalen Schrei abzupassen und mich gezielt wieder aufzuwecken. Mit ihm beginnt diese Nacht. Eine Augustnacht, in der die Temperaturen nicht fallen wollen, die Feuchtigkeit nicht aus der Luft weicht, eine erträgliche Schlafposition nicht zu finden ist, schon wieder eine Fliege lärmend vorbeisurrt, schon wieder eine Mücke zusticht, kurz: in der an so etwas Leichtfüßiges wie Schlaf nicht zu denken ist.

Und dann wieder der Kauz. Gellend und rücksichtslos schallt er ins Schlafzimmer. Und wieder. Fiepende Rufe, hoch und unglaublich laut. Während der Uhu, der am Grundstücksende in einer der Fichten sitzt, nur leise, tiefe, wenn auch in manch finsterer Nacht etwas unheimliche Laute von sich gibt, die zum Hof dazugehören, ist das schrille Geräusch des Kauzes neu, ein akustischer Eindringling.

Mein märkischer Nachbar hatte mich vorgewarnt. Seit einer Woche sei der Kauz bei ihm angelangt, Schlaf seither unmöglich. Ich hatte meinen Nachbarn ein wenig aufgezogen damit.

Schlaflos? Eines fiependen Vogels wegen?

Wer sei denn da bitte der Kauz?

Der Hochmut rächt sich nun. Der Waldkauz ist offenbar einen Hof weitergeflogen. Es ist schon halb drei in der Nacht, und ich liege in heißen Laken und kann das Fenster nicht öffnen, und die Temperaturen fallen nicht, und der Sommer drängt mit aller Macht zu mir ins Zimmer herein. Da hat man alles brav hinbekommen in seinem kleinen bisschen Leben, Hauskredit und Kitaplatz, Netzwerkpasswort und Gesundheitsvorsorge, und scheitert an einem zu lauten Waldkauz. Das ist nicht fair.

Und natürlich wälze ich nicht nur mich, sondern so manches, was man gern wälzt, wenn man nicht schläft. Wer bringt den Sohn morgen für die U8 zum Arzt, und warum wurden die Abschläge für Wasser so drastisch erhöht? Darf mich das ärgern, während Aleppo in Asche liegt? Wann verfuge ich endlich die Wetterseite? Fällt Europa auseinander? Haben wir noch Milch? Habe ich das fünfhundertste Papierkunstwerk des Sohnes nur mit geheucheltem Interesse bedacht? Weiß meine Freundin, wie harmlos ich das gestern eigentlich meinte, und warum hält mein Handyakku nur noch so kurz? Warum vergehen die Minuten so langsam, und womit soll ich die selbstbewusste Nachforderung des Finanzamts bezahlen? Und meint Kim Jong-un das eigentlich alles ernst?

Und wieder.

Ein leise angehauchtes, rasch runder und voller werdendes, schließlich fast krächzendes und vor allem sehr lautes Rufen, ohne Ausklang, ohne Nachhall, der Ruf endet abrupt.

Nach jedem Ruf gebe ich mich der trügerischen

Hoffnung hin, der Kauz sei weitergeflogen, eingeschlafen, vom Ast gekippt. Und immer dann, wenn ich glaube, ihn mit meinen flehenden Gedanken vertrieben zu haben, einschlafen zu können, Ruhe zu haben, folgt der nächste Ruf.

Keine Chance, ich gebe auf.

Gehe in den Hof.

Die Backsteine der Hofmauer strahlen die Wärme des Tages ab. Über dem Hof ein hoher, nachtschwarzer Himmel. Milchstraße. Orion. Großer Bär. Alles da. Die Nachtluft legt sich mir auf die nackten Glieder, riecht nach gesenstem Gras, auf dem sich Tau gebildet hat. Ich sehe wenig, nehme aber viel wahr, als habe die Nacht neue Sinnesorgane in mir freigelegt. Fühler. Druckorgane. Unbestimmte Membranen. Ein Körper vermag so viel mehr, als immer nur zu schauen, zu schauen, zu schauen.

Der nächste Ruf ist nun, da kein Fensterglas mehr zwischen uns ist, so laut, dass ich erschrecke. Ich verorte den Kauz im Birnbaum, in dessen Wipfel er sich überraschend klein und tiefschwarz gegen den ebenfalls schwarzen Nachthimmel abhebt. Ich gehe zu ihm. Lasse ihn nicht aus den Augen. Unter den Füßen das nachtnasse Gras, eine Nacktschnecke, die ich kalt erwische, ihr Film bleibt an der baren Fußsohle zurück.

Am Feldrand mischt sich die Luft, vor mir staubig vom trockenen Feld, hinter mir aber süß vom Harz der Fichten, es ist, als dränge sich mir die Nacht mit jedem Atemzug rückhaltlos auf. Ich setze mich auf die Bank unterm Birnbaum, das Holz der Bank unter meinen nackten Beinen ist warm. Der Kauz über mir ist verstummt. Und doch spüre ich seine Präsenz.

Eine Nacht ist deutlich zu kostbar, um sie mit Schlaf zu verschwenden. Eine Nacht, in der die Temperaturen nicht unter zwanzig Grad fallen, sollte man besser im Freien, im Mondlicht verbringen. Wie brav ich geworden bin, dass ich mich schlafen lege, nur weil es Nacht ist. Es gibt so viel mehr zu tun, als zu schlafen, es gibt so viel mehr, als am nächsten Morgen ausgeschlafen und verwertbar zu sein. Büßen, das kann ich dann immer noch. Wenn ich am Morgen zu nichts gut bin, habe ich doch diese Nacht mitgenommen, die Luft und die Finsternis.

Und ich stelle mir vor, wie es wäre, wenn alle ihre Häuser verließen und ins Mondlicht drängten und die Sommernacht feierten, und am nächsten Morgen kein Flugzeug mehr ginge, kein Bus und keine Maschine, und wie glücklich der volkswirtschaftliche Ausfall alle machen würde, wie sauber die Luft, wie frei die Gehirne.

Es ist ja einfach, sich über Hippies lustig zu machen. Die Frisuren. Die Naivität. Die Kleider. Die Egozentrik. Ihre seltsamfarbenen Campingbusse. Aber ist es nicht ein wenig schal, etwas anmaßend gar, wenn ich sie wegen derlei Äußerlichkeiten verspotte? Wenn ich den Hippies etwas vorwerfen kann, dann nicht ihre Ästhetik, sondern dass ihre Revolte so plötzlich versiegte, dass sie sich so schnell in Kanzleien und Ministerien wiederfanden. Dabei ist das Projekt der Befreiung doch noch gar nicht vollendet.

Vielleicht ist es Angst, aus der heraus wir so gern über Hippies lachen, Angst davor, nackt im Regen tanzen zu müssen, Angst vor der freien Liebe.

Das ist so körperlich. So direkt.

Das ist nicht cool. Da fehlt die Distanz.

Es ist mir gleich, wenn jemand nicht so gern arbeitet, sondern lieber tanzt. Ich glaube nicht, dass es sozial ist, viel in die Rentenkasse zu zahlen, wenn das erwirtschaftete Geld aus der Automobilindustrie stammt. Nur in einem, da hört meine Toleranz auf. Wenn jemand in einer Sommernacht nicht nach draußen geht, ist das nicht lustig. Denn es ist eine unerhörte Verschwendung. Das Leben, heißt es, gleicht einem Eis, man kann es essen, dann ist es weg, oder man kann es nicht essen, dann ist es ebenfalls irgendwann weg.

Die Nacht gibt alles, wofür sie seit Jahrtausenden geprobt hat, spielt auf für mich, hat den letzten Windhauch für mich eingestellt, hat Tau zwischen die Grashalme getrieben, Mohnsamen bereitgestellt,

Spinnweben in Nachttau gehüllt, Feuchtigkeitsnester aus den Wiesen gehoben, das Firmament zu mir herabgesenkt und dicke Käfer aufgeboten, die surrend auf mich zuhalten, um dann in letzter Sekunde Kurs auf das Feld zu nehmen und in der Dunkelheit zu verschwinden. Ich spüre die Luft als Verlängerung meines Körpers. Der Horizont ist in metallene Finsternis gehüllt, davor huttern Graugänse, silbern auch sie.

Die Tiere reagieren auf etwas. Im Dorf schlagen die Hunde an, steigern sich in beinahe wütende Höhen, stacheln die Graugänse auf, die aus dem Halbschlaf schrecken. Es ist ein Klangteppich, der aufgeregt zu mir heranzieht wie die Welle im Stadion, und als er mich erreicht, wird das Bellen und Schnattern zu Lärm. Ein Fasan stiebt aus dem Grasgürtel, der das Feld säumt; von der Korbweide am Altarm der Oder fliegen Spatzen auf.

Und wieder kippt etwas.

Auf einmal geschieht das alles für mich.

Die Nacht und die Weite, das Feld und das Hochnebelband, der Kauz auf dem Birnbaum, die totale Windstille, die warme, feldschwere Sommerluft.

Eben noch habe ich die Welt um mich betrachtet, belauscht, jetzt belauscht, betrachtet sie mich. Die nächtliche Hitze, die Schlaflosigkeit und der Waldkauz, der mich in den Wahn trieb, spielen keine Rolle mehr.

Denn ich bin raus. Im Freien.

Ich stehe von der Bank unterm Birnbaum auf, lasse den Kauz und die Fichten hinter mir, ihre schwarzen Spitzen vor der Korona des Halbmonds, die Schatten aufs ungemähte Gras werfen; vom Reisigboden unter ihren ausladenden Ästen weht feuchte Luft zu mir herüber. Ich hebe einen der Zapfen auf, breche die Samenschuppen heraus, kratze mir damit den von Mücken zerstochenen Unterarm auf. Dann betrete ich das Feld. Gehe weiter. Immer weiter. Zwischen den Rapspflanzen sticht mir die trockene, rissig gewordene Krume in die Sohlen. Es ist nichts als ein Rapsfeld, und doch ist es alles, was zählt.

Der Waldkauz schreit noch einmal auf, stört aber nicht mehr. Hält mich von nichts mehr ab, ruft nicht mehr gegen mich an, singt für mich, könnte ruhig noch ein wenig lauter sein. Warum verfluche ich einen Waldkauz, um mich dann, wenige Stunden später, anstandslos von der Weckfunktion des Smartphones aus dem Schlaf klingeln zu lassen? Ich gehe weiter. Immer weiter. Spüre die Nachtluft auf dem nackten Rücken. Das Kratzen der Rapspflanzen an den Schienbeinen.

Und dann jagt auf einmal ein großer, schwarzer Schatten über das Feld. Was ist das, ein Höllenhund? Der Schatten hält auf die Wildgänse zu, die erste steigt auf, gefolgt von einer zweiten, bald schwingt sich die ganze, ein halbes Dutzend umfassende Schar in die Luft. Die Vögel steigen in den Nachthimmel, mit schnellen, kurzen Schlägen der Schwingenspitzen, die Bestie unter ihnen jagt und bellt und springt.

Ich sehe mich um. Ich stehe inmitten von Rapspflanzen.

Zweihundert Meter hinter mir der Birnbaum.

Hundert Meter vor mir der Höllenhund.

Ich ahne, dass das nicht gutgeht.

Die Bestie scheint wütend, nach dem Auffliegen der Gänse keinen neuen Feind zu finden. Sie sind ihr allesamt entflogen. Der Hund schlägt einige Sprünge in die eine Richtung aus, dann einige Sprünge in die andere.

Dann sichtet er mich.

Verharrt. Wittert. Mustert.

Und rennt direkt auf mich zu.

Ich sehe an mir herunter, die Haut weiß im Mondlicht, ungeschützt, nichts, was den Zähnen und Klauen des Hundes wird Einhalt gebieten können. Ich bekomme den Puls nicht unter Kontrolle, die Bestie jagt durch den Raps, lang und geduckt, die Vorderläufe stets einen halben Meter vor den Rumpf gestreckt, es wirkt, als würde sie den Raps auf Kniehöhe durchfliegen.

Fünf Sekunden noch.

Und nun?

Mein Puls jagt, drei Sekunden, dann renne ich los. Vor mir grenzt ein Maisfeld an den Raps, das ich mit seinen geometrischen und doch labyrinthischen Gängen in diesem Sommer Stunde um Stunde abgelaufen bin. Es wird mir Schutz bieten. Hoffe ich. Ich quere einen Streifen Wildwiese, die Halme schneiden mir in die Fußsohlen, brechen unter meinen Tritten, die Wiesenrispen umschließen mich bis zur Brust. Wenige Meter hinter mir das Hecheln des Hundes. Dann erreiche ich den Mais.

In den gleichmäßig gepflanzten Reihen komme ich besser voran, die Hände zum Schutz vor dem Gesicht gekreuzt. Kolben schlagen mir gegen die Brust, spitze Blattspreiten schneiden mir in die Arme, die Fußsohlen brennen, ich trete auf verhärtete Krumen. Und dann ist es still. Der Hund scheint die Witterung verloren zu haben, trottet drei oder vier Reihen neben mir durch den Mais.

Ich bleibe stehen, versuche, das Keuchen zu unterdrücken, rieche die trockene Luft zwischen den Halmen, auf die seit Wochen die Sonne fiel. Ich sehe mich um. Maispflanzen, Maiskolben, Maisblätter, Maisrispen. Ich habe die Orientierung verloren. Ich weiß nicht, wo der Hof steht, wo die Alte Oder liegt, wo die Seelower Höhen.

Einige Meter neben mir rascheln Halme, aber dort ist nichts, es sind die Halme, die der Hund niedergetreten hat und die sich langsam wieder aufrichten.

Ich versuche zu gehen, der Schmerz ist nun, da die Angst ihn nicht mehr betäubt, zu stark, ich humple einige Meter, halte mich an einer Maispflanze fest, die unter der Last nachgibt, nehme den Fuß hoch, die Sohle ist voller Blut.

Es gibt tatsächlich nur eines, was in der märkischen Einöde ungemütlich werden kann, und das sind Hunde. Ich ärgere mich über diese Beschneidung meiner Freiheit, denn bislang war auf die Bewohner der Aussiedlerhöfe Verlass. Die Hunde waren auf den Grundstücken hinter Zäune gesperrt, sie führten teuflische Tänze auf, wenn ich an ihnen vorbeiging, stemmten sich gegen das Gatter, aber sie kamen nicht frei.

Ich weiß nicht, ob ich je wieder freikommen werde, ob ich erneut werde rauskommen können, seit ich um eine freilaufende, wildstreunende Bestie weiß.

Ich nehme den Kopf in den Nacken; die Hüllblätter, die spitz das Blickfeld säumen, schließen sich über mir zu einem Dach in der Nacht, das Schutz bietet und doch durchlässig ist, und ich erkenne den Großen Bären. Auch wenn ich mir aus Sternbildern nie viel gemacht habe, ihrer Arithmetik gleich gar keinen Glauben schenke, in dieser Nacht, mitten im Maisfeld, drängen sich mir die Sternbilder auf wie eine unerwartete Lösung.

Und dann bricht der Kopf der Bestie ohne jedes Geräusch zwischen zwei Maispflanzen durch. Eine

Dogge. Unverkennbar der hohe, schlanke Körperbau. Der kantige Kopf. Die weit herabhängenden, speichelnassen Lefzen. Die Augen zwei silberne Schlitze.

Und da ist er wieder, der Moment. Der Moment, den ich kenne von anderen Malen, die ich draußen war. Draußen, an der Luft, aber auch draußen, aus all dem, was mich eben noch ausgemacht hat. Was nun eine Rolle spielt, liegt tiefer: Wer wird gewinnen?

Der Hund? Oder ich?

Es ist, als würde mir das Blut aus den Venen gesogen, leise ist es um mich, auffallend still, als gehe in diesen Sekunden etwas zu Ende.

Doch die Dogge? Tut gar nichts. Kommt nicht näher. Bellt nicht. Legt nun den Kopf schief. Schaut mich einmal von oben bis unten an. Scheint dieses weiße Etwas eher seltsam zu finden. Ein wenig langweilig gar. Die Augen jedenfalls sind keine Schlitze mehr, vielleicht nie welche gewesen, sondern groß und feucht und rund.

Die Dogge scheint eine Frage zu stellen, sich oder mir, oder dem Weltenlauf, der in unklarer Absicht verschiedene Gattungen am selben Ort zusammengeführt hat. Sie hechelt, ich fasse wieder Fuß, ziehe mich an einem Kolben in die Höhe.

Dann springt die Dogge davon, meine Anspannung löst sich in einem einsamen Lachen. Ich weiß noch immer nicht, wo ich bin, folge einer der aufgeworfenen Erdlinien zwischen den endlosen Pflanzungen, bis ich das Feldende erreiche und aus dem Mais trete und erst einmal stehen bleibe und die geschundenen Arme ausbreite. Den Körper auf Versehrtheit hin absuche, Risse, Schnitte, in Kniekehlen und Armbeugen, an Bauch und Schenkeln.

Vor mir liegt ein neuer Entwässerungsgraben, ausgetrocknet auch er, dahinter die Alte Oder in sommerlich tiefem Stand. Mondlicht, glitzernd auf dem stillen Kehrwasser einer Sandbucht. Gegen den seitlichen Schlick anstupfende Schleie oder Plötzen, auf der Suche nach Wasserlinsen oder Köcherfliegenlarven.

Ich atme durch.

Am nächsten Morgen erfahre ich, was ich gern früher erfahren hätte: Der Cousin meines märkischen Nachbarn hat einen neuen Hund. Eine Dogge. Jung und verspielt, sagt mein Nachbar. Ob ich sie mir mal ansehen möchte? Ich lehne dankend ab.

– Aber warum sperrt er sie nicht ein?

– Dit kleene Lämmken? Dit tut keener Spinne nüschts.

Wenn dies eine Geschichte wäre, müsste nun der Waldkauz vom Anfang wieder eine Rolle spielen, aber dem Leben da draußen ist das egal. Und so taucht der Kauz schlicht nicht mehr auf, ist nicht mehr zu sehen im Birnbaum, ist nicht mehr zu hören, spielt keine Rolle mehr in dieser Nacht. Ist vielleicht zum Cousin meines märkischen Nachbarn weitergeflogen, der nun seinerseits das Glück hat, um den Schlaf gebracht zu werden, der schier unglaublichen Lautstärke wegen, zu der ein Waldkauz in einer Sommernacht in der Lage ist.

Doch ein Kauz ist nicht nur laut, er hat auch die Macht, aus einer Nacht ein Erlebnis zu machen. Nicht ich habe eine Geschichte über ihn geschrieben, er hat mir eine Geschichte eingeschrieben. Morgen werde ich wieder am Schreibtisch sitzen. Ich werde es aushalten. Weil ich bald wieder draußen bin.

Kauz sei Dank.

9. Kapitel

Blitzschlag

– Was war das?

– Nichts, sage ich. Beruhige dich.

– Etwas ist explodiert. Ist ein Baum umgestürzt?

– Das war kein Baum.

– Dann ist ein Blitz ins Zelt eingeschlagen?

– Nein. Es kann kein Blitz ins Zelt einschlagen. Die Weiden sind höher.

– Dann ist ein Blitz in die Weiden eingeschlagen?

– Ich weiß nicht. Aber wir sind in Ordnung. Hab keine Angst.

– Schwörst du? Dass wir in Ordnung sind?

– Ich schwöre es.

– Dann ist es gut.

Im Freien erfolgen die Übergänge unerwartet, kann jederzeit Chaos ausbrechen, Ordnung verfallen, Kontrolle in Ausgeliefertsein übergehen, Logik in Angst. Das Draußensein wartet nicht mit der Sicherheit eines Terminkalenders auf, ist nicht verwahrt in

Wochentag und Uhrzeit, im Gegenteil: Pläne und Entschlüsse kümmern das Draußensein wenig. Vorhaben und Absichten werden beständig durchkreuzt, abgewandelt und verworfen, die Lage kann jederzeit eskalieren.

Das befreit. Und macht Angst.

Zum Beispiel, weil in der Nähe ein Blitz einschlägt.

Doch am Ende werden wir auch diese Nacht überlebt haben.

Wir?

Am Anfang haben wir Pech. Luc und ich laufen auf der Landstraße, im September ein Glücksspiel. Manchmal geht man auf ihr so einsam wie auf einem Feldweg. Heute aber dröhnen Kolonnen gewaltiger Erntemaschinen an uns vorbei, die beinahe die volle Breite der Straße einnehmen. Strohlader. Pflüge. Mähdrescher. Wenn es der Ernteverkehr zulässt, liest Luc die Haselnüsse vom Straßenrand auf. Eine weist ein kleines Loch auf, er beginnt, die Nuss zu zerbröseln, findet die weiße, tote Larve des Haselnussbohrers darin.

– Papa?

– Hm?

– Stimmt es, dass man in ein Ei kommt, wenn man tot ist?

– In ein Ei?

– Ja, man wird Staub, und der Staub kommt in ein Ei.

– Wer sagt denn so was?

– Sag schon. Stimmt es?

– Nein. Es stimmt nicht. Vielleicht meinst du eine Urne?

– Nein, ein Ei.

– Möchtest du denn in ein Ei kommen?

– Auf keinen Fall.

– Dann kommst du auch nicht in ein Ei.

– Versprichst du es mir?

– Ehrenwort.

– Ich will auch gar nicht tot sein.

– Du bist noch lange nicht tot.

– Wie lange nicht?

– Nun. Siehst du die Windräder, da hinten?

– Ja.

– Und weißt du, was dahinter kommt?

– Ein Feld.

– Und dahinter?

– Wieder Windräder?

– Und dann?

– Berlin?

– Genau. Und hinter Berlin?

– Ich weiß nicht. England?

– Nein, Hannover. Irgendwann Osnabrück. Und dann Holland. Und dahinter?

– Das Meer?

– Genau. Und jetzt stell dir vor, du wärst eine Ameise.

– Junge oder Mädchen?

– Egal. So lange die Ameise braucht, um von hier ans Meer zu laufen, bist du nicht tot. Mindestens. Und sie muss jeden Ackerkrümel einzeln rauf und runter.

– Aber an Bäumen geht sie vorbei?

– Nein. Klettert sie auch rauf und runter.

– Aber das dauert doch nur ungefähr hundert Jahre.

– Reicht dir das nicht?

– Ist das viel?

– Sehr viel. Mehr, als die meisten nicht tot sind.

– Was?

– Viel, eben. Aber nun lauf weiter. Da kommt schon das nächste Monster.

– Ja, lass uns weiter. Ist unheimlich hier.

Erneutes Donnern hinter uns. Ein Strohlader, auf dem sich die Ballen türmen. Ährenstaub weht uns ins Gesicht, vor einem tiefen, fiebrigen Himmel. Wir wollen wild zelten. Irgendwo am Waldrand. Das ist unser Ziel. Doch Luc sorgt sich nicht, ob wir das Zelt rechtzeitig aufgebaut bekommen, ob uns der nächste Strohlader überrollt, sondern wälzt eines seiner großen, kleinen Probleme. Seine Stirn verrät es.

Er besitzt die Gabe, sich über Dinge Gedanken zu machen, die für diesen Moment scheinbar nicht relevant sind, und dennoch ganz bei sich zu sein. Bei mir ist es anders. Wenn ich draußen bin und zu denken anfange, verliere ich mich, schneide mich ab von der Wahrnehmung meiner Sinne, bin nicht mehr da, wo mein Körper ist. Das Draußensein wird sinnlos, wenn ich nicht ganz bei meinen Sinnen bin.

Luc dagegen kann beides. Bei sich sein. Und von Sinnen. Greifen und Begreifen. Spüren und Nachspüren. Er schafft es zu reflektieren, ohne seiner Reflexion allzu große Bedeutung beizumessen. Seine Gedanken lenken ihn nicht ab, führen ihn nicht von ihm weg. Das macht ihn zum Weltmeister im Draußensein. Er muss sich nicht so aufwändig nach draußen bringen, wie ich es tue. Draußen ist er ganz von allein. Besser noch: Es scheint, als kenne er den Unterschied zwischen drinnen und draußen gar nicht.

Luc geht spielerischer vor, misst den großen Fragen dieselbe Bedeutung zu wie den kleinen. Will wissen, wie lange er nicht tot ist, aber auch, wann es wieder etwas zu essen gibt. Alles ist gleich wichtig. Wenn er den ihm verbleibenden Lebensradius absteckt, kehrt sich sein Blick nicht nach innen, wird ihm nicht bang. Er will es einfach nur wissen. Die Zahl, die ich nenne, hundert Jahre oder auch fünfzig, achtzig oder hundertzehn, spielt keine Rolle – und wird von der nächsten zu erfragenden Größe abgelöst.

– Wie viele Schritte dauert es, bis ich Papa bin?, fragt er in die Böe hinein, die uns nassen Ackersand ins Gesicht wirft.

– Viele hunderttausend Schritte, sage ich. Mindestens.

– Wie viele genau?

– Ich weiß nicht. Millionen von Schritten. So viele, dass man sie gar nicht zählen kann.

– So viele, wie die Ameise macht, bis sie tot ist?

– Fast.

– Dann bin ich tot, wenn ich Papa bin?

– Nein, so viele Schritte sind es auch wieder nicht.

– Aber wie viele genau? Achtzig?

– Vielleicht wirst du auch gar kein Vater.

– Warum nicht? Warum werd ich kein Vater?

– Weil nicht jeder Vater wird.

– Dann hab ich auch keinen Sohn?

– Nein.

– Und mein Enkel ist tot, bevor er geboren ist?

– So ungefähr.

– Dann will ich lieber Papa werden. Ich glaub, mein Enkel wär traurig, wenn er nicht geboren wird.

Nach einem weiteren Mähdrescher, der uns zur Seite hupt, haben wir es endlich geschafft, verlassen die Landstraße, folgen einen Kilometer der Alten Oder; an der Kreuzung zweier Feldwege bleibt Luc stehen. Mit seiner kleinen Hand schirmt er die Augen gegen das Sonnenlicht ab, das schon nicht mehr so hell ist wie im August, schon nicht mehr so warm.

Manchmal denke ich, so schwer ist es auch wieder nicht mit dem Glück. Es wächst proportional zur Entfernung des nächsten Automobils. Die nächste Straße ist nicht zu sehen, nicht zu hören, ihre Abgase sind nicht zu riechen, und so ist das Augenblicksglück groß. Ich schiebe das Zelt in meinem Rucksack zurecht, die Isomatten, die Schlafsäcke, die mir in den Rücken stechen. Luc betrachtet die Gabelung der Wegscheide.

– Rechts oder links?, fragt er.

– Weder noch. Ab jetzt gehen wir querfeldein.

– Geht das, ohne Pferd?

– Wir kürzen ab. Wir müssen bald mal das Zelt aufbauen.

– Wegen den Wölfen?

– Nein. Aber schau dich mal um!

Etwas stimmt nicht mehr mit dem Licht, es wird immer fiebriger, bräunlich, und die Luft schmeckt zu feucht. Es wird ein Unwetter geben. Wir müssen uns beeilen, um rechtzeitig das Zelt aufzuschlagen. Ich ziehe eine Weißdornranke aus Lucs Hosenbein, trage ihn über eine Parzelle Lupinen. Wind kommt auf. Dann erreichen wir das abgeerntete Feld. Die Stoppeln reichen Luc bis zur Hüfte, er geht durch einen Irrgarten, die Sonne neigt sich breit über den Horizont, blendend, feurig, aber konturlos, wie brennender Nebel. Ein Graureiher hebt sich schwarz davor ab, im Nacken das ziellose Surren kleiner Insekten.

Mitten im Stoppelacker liegt ein öliger Lappen,

von einem Erntearbeiter zurückgelassen, Wespen kreisen darum. Um die Wespen wiederum kreist eine einzelne Hornisse, wie ein kleiner, aufmerksamer Jagdhund.

– Hast du das gesehen?

– Ja, hab ich.

– Hast du das gesehen!

– Ja.

– Hast du gesehen, was sie gemacht hat?

– Hab ich, Luc.

– Sie hat eine Biene geschnappt.

– Eine Wespe.

– Sie hat sich einfach im Flug eine Biene geschnappt. Stirbt sie jetzt?

– Die Hornisse nicht. Die Wespe schon.

– Wusstest du das? Wusstest du, dass Hornissen Wespen fangen?

Wusste ich nicht.

Und wieder frage ich mich, warum. Warum ich das alles nicht weiß. Warum ich es erst erlernen muss. Warum ich den Satz des Pythagoras kenne, aber nicht weiß, dass eine Kirschblüte nachts offen steht, die Blüte des Löwenzahns sich am Abend dagegen schließt. Warum ich den Aufbau des griechischen Dramas gelehrt bekomme, nicht aber, dass es Wasserspinnen gibt, die kleine Luftblasen von der Wasseroberfläche zu ihrer Tauchglocke in die Tiefe transportieren. Einsiedlerkrebse, die sich am Strand zum Muscheltausch treffen, der Größe nach aufgestellt wandern sie ins nächstgrößere Haus. Warum mir keiner beigebracht hat, dass Fichtennadeln piksen, Tannennadeln dagegen nicht. Dass Mäuse die Zapfen glatt abnagen, in Fransen abgenagte hingegen von Rehen verspeist worden sind. Warum ich nicht wusste, dass eine Hornisse ein Beutetier ist.

Eine einzige Lehrerin hielt zu Schulzeiten den Kampf gegen die naturwissenschaftliche Verrohung aufrecht. Sie leitete die Arbeitsgemeinschaft Umwelt und lehrte Dinge, die ich damals für esoterischen Unsinn hielt. Menschengemachten Problemen mit menschengemachten Lösungen zu begegnen, das funktioniere nicht so recht, sagte sie immer. Ansatzweise begriffen, was sie meinte, habe ich erst, als ich begann, ins Freie zu gehen. Dem Verbrennungsmotor folgt der Katalysator, dem Katalysator der Feinstaubfilter, dem Feinstaubfilter die Müllverbrennungsanlage, der Müllverbrennungsanlage der Feinstaubfilter.

Wir nutzen immer schädlichere Materialien, versuchen diese aber immer sparsamer einzusetzen. Die Natur wählt einen anderen Weg. Was sie verwendet, ist unschädlich. Dafür kann sie es sich leisten, so richtig schön ineffizient und verschwenderisch zu sein. So viele Blüten, so wenige Früchte. So viele Früchte, so wenige neue Samen. So viele Samen, so wenige neue Triebe. So viele neue Triebe, so wenige neue Bäume, die von vorne beginnen und wieder Blüten tragen. Wenn ich etwas gelernt habe in dem halben Jahr, das ich nun ins Freie gehe, dann dies: Es ist nichts gegen Verschwendung einzuwenden. Im Grunde kann ich mit der Natur leben und in meiner Freiheit lustvoll und verschwenderisch sein. Oder ich lebe gegen die Natur und lasse mich in meiner Freiheit durch Gesetze und Grenzwerte, vor allem aber durch mein schlechtes Gewissen beschränken.

Aber, mit der Natur leben, wie soll das gehen?

Drinnen? Gar nicht.

Draußen aber bekomme ich manchmal eine Art Zugehörigkeitsgefühl, eine nervöse Augenblickshoffnung, dass ich noch immer teilhabe, dass ich mich in den Kreislauf wieder einfügen kann.

Das Licht weicht nun in Minutenschnelle. Luc und ich sehen zum Himmel auf. Im Westen Dunkelheit. Die Spannung ist im Nacken zu spüren, so aufgeladen ist die Luft. Wir wechseln vom Stoppelfeld auf einen Acker Luzernen, noch violett, schon am Verblühen, folgen einem schmalen Grüngürtel, um die Zwischensaat zu schonen, die ohnehin untergepflügt wird. Das Gehen fällt Luc wieder leichter, wir werden schneller, etwas treibt uns voran. Der Himmel ist nicht mehr weit, weniger offen, wir bleiben nah beieinander, hinter einem Streifen Gelbsenf stoßen wir auf die Eichenallee, deren Ende bereits im Dunkeln liegt.

Die Bäume sind von der Miniermotte befallen, die Blätter braun und welk vor der Zeit. Durch Äste und Stämme fallen gedämpftes Licht und letzte Schatten. Im toten Baumstumpf der Derfflinger Eiche, alter Grenzpunkt zweier Gemarkungen, zirpt eine Grille. Wir bleiben kurz stehen, von Lichtspiel und Luftwechsel benommen, finden sie nicht gleich, sehen dann den dunklen Innenraum des Höhlenstumpfes und darin die Grille, in einem unglaublichen, wie hineinjustierten, letzten Sonnenstrahl.

Am Ende der Allee verschwindet die Sonne unter dem Horizont, doch mit ihrem Untergang kommt keine Abendstille, sondern eine immer stärkere Brise auf. Stämme verfinstern sich in der zunehmenden Dunkelheit. Blätter segeln um uns zu Boden, das flankierende Ried beginnt zu schwanken.

Wir verlassen die Allee, damit uns kein Ast trifft, brechen durchs Ried, Kumuluswolken ziehen auf, hochtürmig, die Unterseiten glatt und schwarz. Aus dem Kiefernwald tönt das Hämmern eines Spechts herüber, hart, schnell, wie in Eile, sein Werk vor dem Unwetter fertigzustellen. Das Licht weicht nun ganz aus der Luft, nimmt die Sättigung aus den Stoppeln, die grau aussehen, nicht mehr gelb, dann treffen uns die ersten, dicken Tropfen ins Gesicht.

Der Regen ist kalt, wir rücken näher zusammen, ziehen die Köpfe ein, stapfen gegen den Wind, sprechen schon länger nicht mehr, marschieren weiter in Richtung Kiefernwald. Aus dem Ticken und Klicken der Tropfen wird ein immer schwereres Fallen. Tropfen, die uns den Staub aus der Kleidung waschen, bald aus den Haaren rollen, die Wangen herablaufen und sich, als die Wolke über uns endlich bricht, zu langen Pfützen in den Traktorfurchen sammeln.

Nur an den Wolkenrändern findet noch Helligkeit zu uns hindurch, zackige Lichtmuster, im nächsten Moment schon verschoben und verweht. Die Wolkenformationen sind in ständiger Bewegung, ziehen nach Osten, massieren und formieren sich, zersprengen und dünnen sich aus. So still der Himmel ist, so laut rauscht es in den Zweigen der Weiden, das Gras am Feldrand wird in breiten Walzen niedergedrückt, richtet sich auf, duckt sich erneut.

Der Regen wird härter. Der Wind wirft ihn uns ins Gesicht, er schmerzt, als wäre er Sand. Wir halten die Gesichter seitlich, gehen im Krebsgang, doch der Wind frischt weiter auf, treibt loses Stroh übers Feld. Das Gehen wird anstrengend, der Kiefernwald ist noch mindestens eine Viertelstunde entfernt. Luc geht direkt an meiner Seite, weicht keinen Zentimeter von mir, die Hände vorm Gesicht, die Finger zu Sehschlitzen geöffnet, in den entfernten Wipfeln der Kiefern walkt der Wind.

Als der Donner aus dem Wald bricht und zu uns heranrollt und wie eine Wand über uns stehen bleibt, bis er brodelnd nach Osten ausdünnt, fasst mich Luc an der Hand. Wir stehen mitten im Feld, weitab der nächsten Ortschaft, weitab des Pavillons im Wald, weitab der Allee, und wir triefen vor Nässe, während der nächste Donner vom Waldrand zurück in die Weite hallt.

– Was?, frage ich. Was hast du gesagt?

– Es tut weh im Gesicht, ruft Luc.

– Dann nimm den Kopf runter.

– Dann seh ich nichts mehr.

– Mach die Augen zu. Ich führe dich.

Auch mir kommt es vor, als würden die Tropfen die Netzhaut aufrauen, und der Wind reißt und flattert an den Gurten meines Rucksacks, an meiner Kapuze, die er mir immer wieder vom Kopf schlägt. Wir gehen, als ob sich ein Laufband unter uns in die entgegengesetzte Richtung drehte, wir bewegen uns, kommen aber nicht voran. Der Waldrand will einfach nicht näher rücken. Aus den Kieferkronen ist eine aufgepeitschte See geworden.

Ich gebe unser Ziel auf, das ohnehin nicht mehr sicher scheint, kapituliere vor dem Wind, und wir lassen uns seitwärts zum Bahndamm treiben, der Wind ist stärker als wir, wir haben ihm nichts entgegenzusetzen; und mit dem Wechsel des Einfallswinkels, in dem der Regen auf uns niedergeht, tun die

Tropfen auf den Wangen gleich weniger weh. Es geht leichter voran, der Wind kommt nun seitlich, und ich vertraue auf den sanften Magnetismus der Natur.

Wie war das mit Scott und Amundsen? Der eine, Scott, verachtete die Natur, wollte sie mit Motorschlitten bezwingen, schien sich an ihr abzuarbeiten, sie geradewegs zu hassen, zu leiden unter ihr. Und so erreichte er nicht nur fünfunddreißig Tage zu spät den Südpol, sondern verlor auf dem Rückweg auch noch sein Leben. Amundsen dagegen besang die Schönheit der Natur, nutzte nichts als Hunde und Schlitten und bezwang so seinen Wettbewerber – nicht die Natur, sondern Scott, dem er seinen legendären, hämischen Brief am Südpol zurückließ. »Sehr geehrter Kapitän Scott! Da Sie wahrscheinlich der Erste sind, der nach uns dieses Gebiet erreicht …«

Wenn Luc und ich gegen den Wind keine Chance haben, gehen wir eben mit dem Wind. Er treibt uns weiter auf den Bahndamm zu, die Ackerfurchen sind längst überspült, klumpen in hohen Batzen unter unseren Schuhen. Wir staksen und stolpern, bis auf die Haut durchweicht. Eine neue Gewitterböe wirft uns in die Böschung, die nass ist und glänzt, Nachtkerzen und Rainfarn schlagen um sich im Wind.

Das Zelt lässt sich nicht aufschlagen, es flattert im Wind, die Böe entreißt mir die Bahnen, die Spannleinen verheddern sich. Ich steige auf den Damm, sichte die Gleise, winke Luc heran. Mühsam in seinen nassen Hosen steigt er auf, gemeinsam queren wir die Gleise, entfernen uns einige Meter, lassen uns hinter der Röhre eines kleinen Entwässerungsfließes nieder, in dem der Gewitterregen versickert; der Boden ist hier betoniert.

Auf der Leeseite gehorchen die Zeltbahnen meinem Willen, das Getöse hat mit einem Schlag ausgesetzt. Ich führe die beiden Kevlarstangen in die Ösen, spanne den Stoff, setze drei Notheringe außerhalb des Betons, winke Luc ins Zelt, krieche ihm nach. Auf die Plane hämmert der Regen. Zwischen den gebogenen Zeltstangen bilden sich Kuhlen im Stoff, in denen sich Wasser sammelt. Die Luft im Zelt füllt sich mit unserem kondensierten Atem, wird zu Dampf. Aber immerhin strömt kein Wasser mehr auf uns ein.

Rascheln und Kramen: Luc findet seine Taschenlampe nicht, ich rolle die Matten aus, auch die Schlafsäcke sind nass. Ich führe den Zahn des Reißverschlusses von meinem Schlafsack in den Schlitten des zweiten, so dass wir einen großen für uns beide haben, wir ziehen die nassen Hosen, die nassen Jacken aus, und liegen in den feuchten Daunen eng beieinander. Ich wärme Luc, und Luc glaubt, er wärme mich.

Als wir endlich zur Ruhe kommen, hören wir den

Blitz. Und das ist das Ungeheuerliche: Wir hören ihn, sehen ihn aber nicht. Kein Blinzeln wegen unerwarteter Helligkeit, kein Zählen der Sekunden bis zum Donner, nichts. Nur ein einziger, satter, spaltender Knall, irgendwo über uns.

– Was war das?

– Nichts, beruhige dich.

– Etwas ist explodiert. Ist ein Baum umgestürzt?

Ein zweites Krachen geht über dem Zelt nieder, berstend, klaffend, jäh, diesmal erhellt sich das Zelt für eine halbe Sekunde. Ich sehe das fragende Gesicht des Kindes, direkt vor meiner Brust, halte Luc fester, ziehe ihn an mich heran. Ich weiß, dass wir sicher sind, ausreichend weit entfernt von den Weiden auf der anderen Seite des Damms, unser Zelt ist bei weitem nicht der höchste Punkt, sondern wie in einer Kuhle versteckt. Aber das Bauchgefühl sagt etwas anderes als der Verstand. Es ist wie im Wald, als ich die Wölfe hörte, wie im Feld, als mich die Dogge jagte. Dann geht der dritte Blitz nieder, wieder der fragende Blick des Kindes, Blitz und Krachen und Donner sind erneut eins. Kein Nachrollen, kein Verebben, kein Ausbrodeln, einfach nur ein Schlag wie mit der Himmelsaxt, die auf der Suche nach einem Spaltholz das Bruch ins Visier genommen hat.

Luc reagiert auf jeden Blitz mit Verzögerung, nach einem rückversichernden Blick auf mich. Würde ich zusammenzucken, würde er Panik bekommen.

Da ich ruhig bleibe, bleibt er es auch. Noch zumindest. Für ihn ist alles das erste Mal. Solange ich keine Angst zeige, ist es für ihn nicht viel beunruhigender, als in eine U-Bahn zu steigen oder ein besonders scharfes Messer zu benutzen. Solange ich ruhig und tief weiteratme, ist alles gut. Und so versuche ich, entspannter zu wirken, als ich es bin; mein Arm bleibt eng um ihn geschlungen.

In den Minuten nach dem Donnerschlag ist nur Rauschen zu hören, von den nahe gelegenen Kiefernwipfeln, ein Pfeifen und Strömen hektisch aufgeladener Luft durch nadelige Äste. Dann eine neue Attacke. Eine Böe wie ein Faustschlag. Das Rollen und Heulen und Schlagen ist nicht zu verorten, greift von allen Seiten an, drückt die Kevlarstangen nieder, bis die Zeltplane beinahe auf uns schlägt. In einer Böenpause richten sich die Stangen von allein wieder auf, beim nächsten knallenden Schlag auf die Planen ist es, als höbe es uns in die Luft.

Luc wird klein unter meinem Arm, nimmt den Blick nicht von mir, die Augen nun doch ziemlich geweitet.

Ich drücke ihn an mich.

Es ist ein schmaler Grat. Zumal, wenn Luc dabei ist. Das Erlebnis draußen darf schon mal so groß werden, dass es uns dem Gewohnten entreißt. Aber nicht so groß, dass es uns niederringt. Nur auf diesem schmalen Grat kann Luc die Furcht überwinden. Und doch frage ich mich, ob es gegebenenfalls nicht sogar richtig und gut ist, sich ein wenig von dieser unbegründeten Furcht zu bewahren. Es sind vielleicht grade die schwärenden Sphären urtümlicher, unbegründeter Furcht, die uns zurückholen in eine Welt, in der wir spüren, wer wir sind.

– Es ist nicht gefährlich, sage ich.

– Kein bisschen?

– Nein.

– Ein klein wenig aber schon, oder?

– Nein, gar nicht. Nur laut.

– Ein minibisschen?

– Du kannst ganz beruhigt sein.

Als das Epizentrum vorübergezogen ist, macht Luc sich von mir frei und fängt sofort an, das Erlebte nachzuerzählen. Wie stolz er nun darauf ist. Der Blitz. Die Plane. Der Donner. Es wird deutlich, dass er bereits an der Legende strickt, die wir über unseren Ausflug erzählen werden. Weißt du noch, wie wir nicht mehr gegen den Wind ankamen? Als das Zelt in die Luft geflogen ist? Ich höre ihm zu, in stiller Freude, hole ein Bier aus dem Rucksack. Luc hat keine Zeit, seine Schorle zu trinken, denn er gerät immer hektischer, immer konfuser ins Plaudern. Und dann sind wir abgehoben! Ich dachte, das Zelt ist ein Ufo! Das muss ich zu Hause erzählen!

Ich öffne das Bier mit den Zähnen. Während es in meiner eigenen Kindheit als normal galt, sein Kind in eine verqualmte Gaststätte mitzunehmen und sich einige Stangen Bier nebst abrundendem Kräuterschnaps einzuflößen und dann gutgelaunt gegen Mitternacht nach Hause zu trällern, gilt der Vater, der heute in Gegenwart seines Kindes eine Bierflasche auch nur anschaut, als erziehungsuntauglich.

Ebenfalls auf der schwarzen Liste: Morgens nicht aufstehen. Im Gewitter zelten. Nacktheit. Politisch inkorrekte Witze. Moralische Unbestimmtheit. Unpünktlichkeit. Kleine Notlügen. Das Kind aus der Kita holen, weil der erste Schnee fällt. Lebensläufe ohne erkennbare Verwertbarkeit. Gleichgültigkeit gegenüber schulischer Notengebung. Die Liebe zum Schrägen. Das Kind nicht nur auf umzäunte Spielplätze lassen. Geschmackloser Humor. Ansichten, die nun wirklich keiner teilt. Streitgespräche, mit oder ohne Versöhnung. Stoffeligkeit. Kauzigkeit. Verrücktheit.

Nichts davon geht mehr.

Es scheint uns ein großes Anliegen zu sein, Inseln der Freiheit, der Andersartigkeit im Alltag konsequent zu bekämpfen und auszumerzen. Ich nehme einen langen Schluck Bier. Streichle mit väterlichem Stolz mein Kind, das sein erstes Gewitter im Freien erlebt hat.

Bei Luc löst die überwundene Furcht immer mehr ihre Krallen, lässt ihn in der typischen Hochstimmung zurück, die auf durchlebte Grenzsituationen folgt. Seine Bewegungen verlieren alles Erstarrte, werden flüssiger, wir lachen über Dinge, die nicht lustig, tun Dinge, die nicht nötig sind. Luc windet sich aus dem doppelten Schlafsack, zieht den Reißverschluss des Türchens auf, winkt dem Himmel, fängt Regentropfen mit dem Mund auf. Klopft die Zeltwände trocken, auf die nur noch einzelne, letzte Tropfen fallen, schnippt mir mit Daumen und Zeigefinger Tropfen ins Gesicht.

– Komm zurück, sage ich.

– Weil ich sonst nass werde, oder was?

– Weil ich dich liebhab, du kleiner Idiot.

Er kuschelt sich an mich, ist weich, wie er es zuletzt als Zweijähriger war, seine glatte Wange an meiner, starkes Gegenwartsglück. Gemeinsam trotzen wir der Nässe, der Kälte, im Schlafsack kommt Wärme auf. Wir lauschen dem abflauenden Wind in den Zeltplanen, dem leisen Klicken und Platzen versickernder Tropfen.

Jede Stunde schrecken wir auf, wenn ganz in der Nähe das Donnern und Vibrieren der letzten Züge vorüberzieht, dann schlafen wir durch bis zum ersten Morgenzug, erwachen in einer nur wenig Tageslicht verheißenden Morgendunkelheit, in der von Tautropfen schwere Spinnweben vor dem Zelteingang stehen.

– Weißt du was?, sagt Luc.

– Hm?

– Ich glaub, du selbst, du hattest ganz schön Panik gestern.

– Wie kommst du denn darauf?

– Sag schon.

– Es war nicht gefährlich.

– Aber hattest du Panik?, beharrt er.

– Und wie.

10. Kapitel

Wer ohne Sünde ist

Hier die Enge der Stadt, dort die Weite des Landes. Hier das Befolgen der Gesetze, dort die Freiheit des Selbsthelfers. Keine Frage, das sind Klischees. Es gibt so viele Gründe, sich in der Stadt beengt zu fühlen, wie auf dem Land. Einen Unterschied aber gibt es. Hier draußen komme ich dem Wechsel der Jahreszeiten früher auf die Spur.

Anfang September ist die Luft am frühen Abend schon frisch, verweist auf den Herbst, ohne Herbst zu sein. Die Goldrute blüht, ist großflächig zum Habitat geschlossen. Die meisten Felder aber sind abgeerntet, werden untergepflügt. Nur Mais und Sonnenblumen stehen noch. Nach seiner üppigen Blüte wirkt der Holunder nun karg und blattlos.

Das soll's gewesen sein?, fragt man sich, während der Geruch nach warmen Äpfeln und von Wespen faulig gesogenen Pflaumen über den Dorfanger weht, die letzten bestellten Felder ganztags leuchtend, rotgelber Erntestaub in der Luft.

Die Länge der Tage schwindet und mit ihnen die Gelassenheit gegenüber der Zeit. Es ist nicht mehr gleichgültig, wann ich aufbreche, eine Stunde später ist nun schon manchmal eine Stunde zu spät. Ich werde aufmerksamer gegenüber der Helligkeit, sie ist teuer geworden und rar. Das schiere Aufteilen der Tage in Morgen und Mittag wird ihr nicht mehr gerecht, sie benötigt einen anderen Zugang, eine andere Form von Nähe, von Intensität, die nur im Freien zu erlangen ist.

Nur draußen wird die Stunde, in der die Sonne tief am Westhimmel steht, zeitlos. Drinnen, in den Häusern, brennen zu diesem Zeitpunkt längst Lichter. Draußen ist die Zeit eine andere im Spätsommer, sie vergeht nicht mehr in Monaten und Stunden, sie steht, wird flächig, kennt keine Vergangenheit, keine Zukunft, ist schiere Präsenz, ist ein Altarm, ohne Anfang und ohne Ende, in dem ich, einmal eingetaucht, beliebig lang treiben darf; nicht begradigt und ohne Gefälle mäandert die Zeit durch das Bruch.

– Komm runter, du Sejelfritze, oder gloobste, dass de wat Bessres bist? Wenn de gloobst, dass de wat Bessres bist, haste dir jetäuscht, dit sag ick dir. Denn is Schluss mit lustig, dann hol ick dir runter, du Franz!

Mein märkischer Nachbar steht mit seinem Luftgewehr auf der Dorfstraße und zielt auf den Roten Milan. Ein Schuss fällt, durch das offene Fenster nicht gedämpft. Vom Schreibtisch aus kann ich sehen, wie der Milan seine Schwanzflosse verstellt und einen Sekundenbruchteil später seine Flugrichtung ändert. Er kreist über seinem Hort in der Robinie, fliegt dann die Dorfstraße ab, macht über dem Dorfpfuhl kehrt, der nun, im September, wieder üppig viel Wasser trägt, kehrt im breit ausgestellten, beinahe träge anmutenden Segelflug zurück zu seinem Hort.

Der Rote Milan ist ein ausgewachsenes Exemplar von bald zwei Metern Spannweite, sein Schwanz charakteristisch gegabelt, ich sehe seinen gelben, gebogenen Räuberschnabel, die schwarz gefingerten Handschwingen, im Kurvenflug das zu Boden linsende Auge. Der Schatten gleitet das gusseiserne Tor meines Nachbarn hinauf und weiter am Stamm der Dorflinde empor, senkt sich dann auf die Erde der gestampften Dorfstraße. Wieder legt mein Nachbar die Flinte an. Der Rote Milan steht unter Naturschutz. Mein Nachbar macht sich soeben strafbar.

Ein Schuss geht.

Wieder kein Treffer.

Mein märkischer Nachbar hat ein anderes Ziel als ich. Er möchte nicht möglichst viel aufnehmen von der Natur, er will sich möglichst viel von ihrer Unberechenbarkeit vom Leib halten. Denn wie der Sperber im Sommer ist nun der Rote Milan hinter seinen

Birminghamtauben her. Dem muss Einhalt geboten werden. Ich sitze am Schreibtisch, beobachte den Milan, blicke auf die Dorfstraße, beobachte meinen Nachbarn, der mit der Flinte und der Latzhose aussieht wie ein etwas abgehalfterter Ganove aus einem alten Western. Ich bleibe ruhig. Kann mich nicht aufregen. Zum einen ist mein Nachbar viel zu wütend, als dass auch nur entfernt Gefahr bestünde, er könne treffen. Zum anderen, selbst wenn es zum Schlimmsten käme und eine verwirrte Kugel den Milan vom Himmel holte: Wer bin ich, dass ich über ihn richten könnte?

Mein märkischer Nachbar fährt kein Auto, sondern geht zu Fuß, er fliegt nicht in Urlaub, sondern betreut seinen Hof; seit ich ihn kenne, läuft er mehr oder weniger in denselben Klamotten herum.

Amazon? Zalando?

Wat is denn ditte?

Ich dagegen habe mir eben erst neue Wanderstiefel gekauft. Meine Jeans wurde in Bangladesch genietet. Meine Shampootube landet zersetzt in den Mägen der Makrelen. Wenn ich nicht zu Fuß durchs Oderbruch streife, fahre ich in der Republik umher. Mit dem Zug, natürlich. Aber auch der braucht Strom. Bremsbeläge. Schmieröl. Plastikpolsterbezüge. Neue Plastikpolsterbezüge, wenn die alten Plastikpolsterbezüge abgewetzt sind.

Wie großartig, denke ich, am Schreibtisch, an

meinem Rechner, der in China gefertigt, der über die Weltmeere hergeschippert wurde, der im Ruhemodus Strom benötigt, wie großartig, denke ich in saubenster Luft, während die Fertigung meines Rechners anderswo, in der Opferzone, Smog zurückließ, wie großartig, denke ich, während ich diesen Satz in meine Plastiktastatur tippe, dass mein computerloser Nachbar nur einen einzigen Milan in seinem Leben killt.

Falls er denn überhaupt trifft.

Wieder legt er an.

– Wenn de bei meine Tauben uffschlägst, mach ick kurzen Prozess, du Sejelfritze, hältst dir wohl für besonders studiert!

Was tun? Hinausrennen? Dem Mann das Handwerk legen? Einen Milan retten und dann zurückkehren in meinen sauberen Alltag am Rechner? Mein Gewissen ist nicht rein genug, um zu intervenieren. Den ersten Stein darf ich nicht werfen. Mit einem nickel-cadmium-betriebenen Gerät ist ein guter Text nicht zu erstellen. Gleich, wie er klingt. Eines Tages, wenn man über uns richten wird, werde ich als Mitläufer verurteilt werden: Konsumierte zeitlebens zwölf Handys, siebzehn Computer, sieben Internetrouter.

Draußen verhallt ein weiterer, nicht sonderlich lauter und glücklicherweise glückloser Schuss. Wieder daneben. Und ich? Schäme mich für jedes Wort, das ich tippe. Nicht, weil ich den Milan nicht rette. Sondern weil mein Schreibgerät seinen Nachfahren die Lebensgrundlage raubt. Doch ich komme da einfach nicht raus. In zwei Jahren werde ich einen neuen Rechner kaufen, weil der jetzige dann veraltet ist. Werde ich den nächsten Milan töten, wenn man so will. Ich tippe weiter. Drücke auf Senden. Schnüre meine neuen, chemiegegerbten Lederstiefel mit phantasievollem Nachhaltigkeitszertifikat und verlasse den Hof.

Es geht nochmals ein letzter Schuss.

Ich drehe mich um.

Nachbar und Luftgewehr sind nicht mehr zu sehen, wohl aber die Krone der Robinie, von der nun einige gefiederte Blätter heruntersegeln.

Einige unheilige Sekunden verharre ich in der Angst, der Rote Milan könne aus der Krone brechen und taumelnd zu Boden gehen.

Doch dann dringt das Fluchen meines Nachbarn herüber. Nicht getroffen. Munition leer.

Ich atme auf, gehe direkt nach Osten, unter Robinien und unter Linden, deren Blätter von der Gallmilbe durchstochen sind, und dann aufs Feld in die Loose, durch Sonnenblumen mit großen, schweren und schon herbstmüden Köpfen, durch satte Maisfelder im Spätsommerlicht, die Hüllblätter der Kolben nun gräulich und welk, überreif für die Ernte, über den Stauden und in der Luft die Flugfäden der Baldachinspinnen, trockener Sandstaub, aufgewirbelt beim Gehen, gelbe Schatten, und ich gehe zwischen Feld und Hauptgraben, und auf der trägen Oberfläche des Wassers zittert das Licht.

11. Kapitel

Im Osten der Fluss

Hier zu schwimmen, davon wird abgeraten.

Und dann auch noch nachts?

Ich wäre nicht der Erste, der von der Strömung abgetrieben wird und das Ufer nicht mehr erreicht. Aber was tun, wenn das Nahweh größer ist als die Vernunft? Wenn eine Kraft ausgeht von dieser Nacht, von diesem Fluss, gegen die ein paar Millionen Synapsen machtlos sind?

Es ist der ganz reale Wahn. Das Bruch silbern ausgeleuchtet. Rechts die Auen und Sümpfe der Oder im Nachtlicht, links herbstlich abgeerntete Brachfläche, kein Horizont. Ich werfe einen klar konturierten Mondschatten auf den Oderdamm, treibe ihn vor mir über das feuchte Rispengras. Der Mond ist voll und hell wie eine alte, hohe Laterne. Es ist neun Uhr abends, und die Farben sind ausgelöscht in dieser frühen Nacht, nicht aber die Formen und Tiefen. Klar umrissen der Uferverlauf, noch auf den äußersten Buhnenköpfen kleine Flussweiden, die beinahe schon im Wasser wurzeln. Es ist, als wäre eine nächtliche Weltkapsel über mich gestülpt worden, die ich beim Gehen mit mir trage, ich gehe, und das Firmament verschiebt sich mit mir. Die Oder selbst eine metallen ruhende Fläche, die kleine Sandbuchten ins Schilfgras schwemmt, hinter dem ersten Schilfgürtel lockende, unzugängliche Sümpfe.

Ein letzter Wind, der in der Nacht verebben wird, lässt Tausende Blätter einer Pappel rascheln, bringt Bewegung in das Röhricht der Binnenauen, riecht nach Wasser, riecht kühl, lässt mich frösteln, oder vielleicht ist es das Licht, diese ausgeleuchtete Dunkelheit, diese lichtlose Helligkeit des beinahe obszön runden, viel zu nahe stehenden Vollmonds, der nur zum Stehen kommt, wenn auch ich zum Stehen komme.

Meine Sinne weiten sich aus in der Nacht, tauchen in sie ein, mit neu gewachsenen Fühlern. Ich verschwinde hinter dem Sehsinn, hinter dem Hörsinn, spüre im Nacken den nächsten kalten Oktoberwind, gehe weiter, und mit mir wandert der Mond. Aus fernen morastigen Gründen wehen die Laute der Kröten, Frösche, Molche herbei. Ich darf mir nicht wünschen, mich zu verlieren, ich darf nicht bangen, der Selbstverlust könne ausbleiben. Nur wenn ich ihn nicht herbeiwünsche, tritt er auch ein.

Das Gras ist nur auf dem Sattel des Damms heruntergesenst, mit dem letzten Schnitt dieses Jahres, unter der Böschung wogt es hüfthoch im Wind. Wildes Silbergras. Eine Art Prärie, nur eben im Osten. Früher ging man nach Westen, um frei zu sein. Nach Amerika. An die Küste. Oder auch nur in den Sonnenuntergang. Ich aber gehe nach Osten, die Himmelsrichtung, die in einem Land, das sich so sehr nach Westen sehnt, vielleicht am ehesten ins Freie führt.

Der Westen ist nicht nur Himmelsrichtung, sondern auch Leitgröße geworden. Wer im Westen aufwächst, lernt zu urteilen und zu spalten: in die Welt da draußen, die mir dient, und in mich selbst, den Organisator dieser Welt. Die Unfähigkeit, sich einzufügen, einfach nur da zu sein, hat zu einem erschreckenden Grad an Einschreibung geführt, zur totalen Durchdringung, vom Grundwasser bis zu den Polkappen, vom Endlager bis zum Mond.

Zwar quillt kein Ruß mehr aus Schornsteinen und Auspuffrohren, heute wird vornehm diffundiert. Viele unserer Erfindungen zielen darauf, uns mehr Zeit, mehr Ertrag zu verschaffen. Der Rasenmäher, der für uns den Rasen mäht. Die Waschmaschine, die für uns die Wäsche wäscht. Und dann? Erfreuen wir uns nicht an der gewonnenen Zeit, sondern erfinden stur weiter. Teilchenbeschleunigung und Nanotechnologie etwa lassen sich jederzeit bequem hinzuerfinden. Offenbar können wir nicht anders.

Was tun?

Es hilft nur der Generalstreik. Das totale Nein. Zu allem. Was immer gerade als alternativlos vorgestellt wird, wird aus späterer Sicht eher putzig erscheinen. Facebook. Ryanair. Tchibo. Weihnachten. Das Verbrennungsauto. Das Elektroauto. Nein. Nein. Nein. So ein totales Nein, das hat nichts mit Verzicht zu tun, sondern mit Freiheit, mit Glück. Ein totales Nein, das ist derzeit vielleicht die einzig lebensbejahende Größe.

Ich verlasse den Trittpfad auf der Dammkrone, schlittere die Böschung hinab, umrunde einen verschlammten Wassergraben, der in einen Tümpel mündet. Dann schlage ich mich durchs Ried. Das Schilfrohr ist beinahe so hoch wie ich, ich gehe durch einen scharfblättrigen Irrgarten. Vergeblich wehre ich die scharfen Schnittkanten der Blattspreiten ab, schütze das Gesicht mit den Händen, schneide mich in den linken Handrücken.

Graues Blut quillt hervor, ich schmecke Metall. Immer wieder schmatzt unerwartet Wasser unter meinen Stiefeln, beinahe trete ich auf etwas, das wie eine Blindschleiche aussieht, dort unten nicht genauer zu erkennen, sich um einen Rohrkolben schlängelt und dann im schattigen Unterried verschwindet.

Ich schlage hohe Binsen beiseite wie einen Vorhang, habe wieder Sicht auf die Oder, schrecke einen Basstölpel auf oder einen Rohrsänger, der mit heftigem Flügelschlag auf den Strom hinaus nach Polen fliegt.

Hier schwimmen?

Ja.

Nein.

Ich kenne die alten Erzählungen aus dem Dorfkrug. Ihnen zufolge ist die Oder ein wahrer Todesfluss. Ein Strom, der versiert ist in seiner Verführungskunst, uferseitig noch zahm und flach, in der Flussmitte dann aber umso stärker, verzehrender. Die Strömung sei unberechenbar, heißt es, mal mild, mal wild, gesteuert durch unbekannte Gesetze. Wer hier in die berüchtigten Strudel gerät, wird umhergeschleudert wie in einer Wäschetrommel, und das Ufer sieht er nimmermehr. Die grausamste Warnung richtet sich freilich an Eltern: Geht das Kind verloren, in keinem Fall hinterherspringen, sondern einen Notruf absetzen. Dann das Kind zu Fuß am Ufer überholen und ihm entgegenschwimmen. Und so mancher Jugendliche, der nur mal kurz baden wollte, habe sich einige Tage später in unschönem Zustand im Stettiner Haff wiedergefunden.

Aber es ist unmöglich, nicht wenigstens kurz ins

Wasser zu gehen. Es zieht mich zu sich, fleht und umgarnt, ist stärker als ich. Und so folge ich der nächsten Buhne, einer flach bewachsenen Landzunge voller Geröll, die mich weit in den Fluss hinaus bringt. Lichtnelken haben sich bis hier heraus gewagt, mit fädrigen Blütenblättern, teils schon mit herbstlichen Kapselfrüchten, von weitem wirkt es, als wüchsen sie im Wasser. Die glattgespülten Steinquader der Buhne lassen mich immer wieder abrutschen, weniger aufrecht gehen, dem Vierfüßlergang angenähert.

Das Mondlicht legt einen Lichtkorridor auf das Wasser, durchdringt kurz vorm Ufer die Wasseroberfläche und leuchtet den sandigen Grund aus. Einige Algen. Flache Steine. Eine noch kleine, nachtaktive Quappe, die den Uferschlamm abgründelt, auf der Suche nach Reliktkrebschen oder Süßwassermuscheln. Silbern oliv der Rücken, die Afterflosse ungewöhnlich lang, silbern braun die Flossen, ich sehe sogar die Barteln auf ihrer Schnauze.

Die Nacht ist inzwischen windstill, das beständige Wispern der Schilfrispen hinter mir verstummt. Erst nun, in der Stille, fällt mir auf, dass es die Nacht unterlegt hat. Gräser und Kolben ragen ohne Bewegung in den Himmel auf.

Dann ziehe ich Windjacke, Pullover und Hose aus. Sowie das letzte Kleidungsstück auf den algenumflorten Steinen der Landzunge landet, stößt sich die Quappe aus ihrer Lauerstellung, gleitet mit kräftigen Flossenschlägen tiefer ins Wasser, wo ich ihre Bewegungen nicht mehr verfolgen kann.

Als ich mit einer Gänsehaut am ganzen Körper den ersten Schritt in die Oder setze, höre ich das Geräusch. Ein Kronkorkenploppen. Eindeutig. Keine Verwechslung möglich. Geübt mit dem Feuerzeug heruntergeschnipst. Ich sehe in die Richtung, aus der das Geräusch über das Wasser fand. Oderaufwärts, also südlich. Und tatsächlich, auf der gegenüberliegenden Buhne, halb hinter wogendem Ried versteckt, hinter Igelkolben und Schilf, sitzt ein alter Angler auf einem Regiestuhl. Im Mondlicht ist er überraschend deutlich zu erkennen. Es trennen uns vielleicht hundert Meter, dazwischen nur Wasser.

Ich habe nie verstanden, was es mit dem Angeln auf sich hat. Das lange Sitzen und Nichtstun. Der Ausrüstungsfuror. Die albernen Wathosen. Dabei ließ mich weniger die Tatenlosigkeit zweifeln, die mir im Grunde sympathisch ist, sondern die stete Erfolglosigkeit. Ich habe schon vielen Anglern zugesehen. An der Oder. An einem ihrer Altarme. Am benachbarten Baggersee. Aber ich habe noch nie, wirklich noch nie gesehen, wie einer von ihnen auch nur eine Elritze gefangen hätte.

Der Angler an der Oder setzt die Bierflasche ab und hantiert am Haken, an dem ein Fisch hängt, wie ich erst jetzt erkenne. Unmöglich, den Fisch auf die Entfernung zu bestimmen. In Erwartung eines spöttischen Grußes lege ich mir eine ebenfalls spöttische Antwort zurecht. Wette verloren. Muss bei Vollmond ins Wasser. Etwas in der Art. Doch der Angler sieht mich überhaupt nicht. Ich ärgere mich einmal mehr über mich selbst. Ist es nicht völlig egal, wen er in mir sieht?

Der Angler gibt seinen erbeuteten Fisch ins Wasser zurück und wirft wieder aus. Ich bin beeindruckt. Ein Angler, der seine Fische nur fängt, um sie wieder ins Wasser zu werfen, ist so gut wie ein Wanderer, der geht, um nicht anzukommen.

Die Kälte kriecht mir über die nackten Füße die Beine hinauf. Ich hebe meine Kleider auf, gehe einige Meter, bis ein Schilfgürtel zwischen mir und dem Angler zu liegen kommt. Am Stamm einer Weide, deren Äste weit über das Wasser hängen, mache ich halt. Wasserflöhe und Wasserasseln schwirren über die silberne Oberfläche. Ein Ort, wie gemacht für das Entstehen einer neuen, über Generationen weiterzugebenden Sage.

Ich sehe auf die Oder und begreife plötzlich, dass ich ins Wasser gehen kann oder auch nicht. Der Welt ist es gleich, es ist allein meine Entscheidung. Ich trete in den Uferschlick. Der scharfe Kalkrand einer Flussmuschel sticht mir in die Fußsohle, unbeholfen ziehe ich den anderen Fuß nach. Das Wasser wirft Ringe auf, die sich vergrößern, im Mondlicht verebben. Die Oder ist weniger kalt als erwartet, trägt noch die letzte Wärme des vergangenen Sommers in sich. Es wäre Verschwendung, nicht in sie zu tauchen, eine so großzügig dargebotene Erweiterung der Sinne nicht anzunehmen.

Mit zähen Schritten wate ich ins Wasser, es legt sich mir wie ein Kältegürtel um die Haut, sticht am Bauch, lässt mich schaudern, zusammenzucken, dann stoße ich mich ab, tauche ein. Ich mache einige schnelle Züge, bis mir weniger kalt, wenn auch nicht warm wird, lege mich dann einen kleinen Moment lang auf den Rücken, sehe den Mond, sehe das sanfte Gesicht darin, die Krater, das Lächeln, wie zufrieden mit sich oder mit mir.

Als ich mich umdrehe, bemerke ich, dass ich sehr rasch vom Ufer abgetrieben bin, einige Meter schon. Hastig versuche ich zurückzuschwimmen. Doch das Ufer kommt nicht näher, sondern zieht wie in Zeitlupe vorbei, ich treibe flussabwärts. Ich spüre die Angst wie einen Schlag ins Herz, schwimme hastiger, beginne zu zappeln, sinke ab, schlucke Wasser, tauche auf, treibe immer mehr ab. Ich sehe mich schon auf dem Hauptstrom treiben, vollgedunsen, zur Ostsee gespült. Ich verliere immer weiter die Kontrolle, reagiere nur noch, mein Körper aktiviert Instinkte, tut etwas, bar jeder Fassung. Meine Arme brennen, sind die starken Schwimmzüge nicht gewohnt. Das Ufer entfernt sich nicht, kommt auch nicht näher. Das kann doch nicht wahr sein. Warum nur schwimme ich in diesem Fluss?

Dann berühre ich etwas, mit dem rechten Fuß. Einen Stein. Nein, keinen Stein. Den Boden. Ich verlagere das Gewicht. Tatsächlich, ich kann stehen. Wo ich eben noch gegen die Strömung kämpfte, geht mir das Wasser gerade nur bis zur Brust.

Ich stelle mich hin.

Atme durch.

Doch etwas ist seltsam. Erleichterung kommt nicht auf, auch kein ertapptes Lachen, nur eine seltsame Form der Fassungslosigkeit. Eine neue Haltlosigkeit, diesmal im übertragenen Sinn. Und jetzt, da ich festen Stand habe, genieße ich die Haltlosigkeit und spüre, dass das Verlieren der Fassung, dass die schiere Fassungslosigkeit angenehm und voller Schönheit ist. Und ich bin froh, dass ich in den Sekunden der Panik nicht auf die Idee kam, den Angler zu rufen. In ein Meter fünfzig tiefem Wasser.

Ein Pfeil surrt vorüber, nein, ein schneller Vogel, ein Eisvogel, dem ich mit dem Blick folge und der meinem inneren Taumel wieder Halt verleiht. Er fliegt direkt in die Weide, von der ein ausladender, schon herbstlich kahler Ast ins Wasser ragt, zu dem ich schwimme, auf einmal geht es ganz leicht, und mich dann an dem glitschigen Ausläufer, der wie eine Ankerleine im Wasser liegt, ans Ufer ziehe, und vom Ufer in den trockenen Ufersand, über den Bachflohkrebse huschen wie eine Legion kleiner, eifriger Retter.

Und wieder habe ich nicht die Welt umrundet, nicht im Einhandsegler und nicht im Heißluftballon, habe ich nicht die Sahara durchquert, nicht den K2 bestiegen und nicht in den Highlands genächtigt, bin ich nicht Nachtzug gefahren in Patagonien, in Transsilvanien nicht vor Bären geflohen und nicht vor Bisons im Yosemite, wieder habe ich keinen Bully über schroff zerklüfteten Fjorden geparkt, nicht auf dem Jungfraujoch posiert und nicht auf dem Hillary-Step, bin ich nicht Wingsuit, nicht einmal Gleitschirm geflogen, habe ich kein Heli-Ski betrieben, nicht den Ärmelkanal durchschwommen und nicht auf der Welle meines Lebens gesurft. Nicht einmal im Orinoco bin ich gekentert.

Zum Glück.

12. Kapitel

Insel am Feuer

Es ist, als versuchten die Tage im Oktober umso dichter zu werden, je weniger Tageslicht ihnen zur Verfügung steht. Überreif und schwer vergehen die Stunden, und sobald die Sonne den Zenit überschritten hat, das Licht wieder in seinem magischen Winkel steht, wie parallel über dem östlichen Bruch, leuchtet letztes Obst an den Bäumen: Quitten, späte Apfelsorten, braun und erntereif.

Ein letztes Mal noch zieht der Geruch von gesenstem, aber schon kaltem, vom Abendtau benetztem Gras herüber, während nun alle das Dorf umschließenden Äcker untergepflügt sind, Raps wie Weizen, Sonnenblumen wie Mais. Schwer und klaffend vor mir die Furchen, aus denen nur hie und da noch eine einzelne Stoppel ragt.

Die Schwalben, die noch nicht nach Süden gezogen sind, schießen in ihren langgezogenen Frackschwänzen nicht nur über den Hof hinweg, sondern auch durch ihn hindurch, lassen sich in den Innenhof fallen, steuern in ungekannter Geschwindigkeit auf das Scheunentor zu, stellen die Flügel senkrecht, um sicherer durch die Türöffnung zu finden, durchgleiten den Schuppen, um am gegenüberliegenden Tor mit heftigem Flügelschlag wieder an Geschwindigkeit und Höhe zu gewinnen. In wenigen Tagen sind sie verschwunden. Sie fehlen mir schon jetzt.

Ich stehe unterm Birnbaum, mittags an diesem kaum hell gewordenen Tag, die Bank neben mir zu nass, um darauf zu sitzen. Wasser tropft von den Ästen, auch wenn es nicht regnet. Ich versuche mit aller Macht, die Außenwelt nicht auf die Innenwelt zu beziehen, mich diesem Herbstgefühl nicht hinzugeben, keine Bilanz zu ziehen, und je stärker ich mich dagegen sträube, umso stärker bilanziere ich schon. Blicke ich nicht mehr aufs Feld, sondern auf das Jahr zurück, obwohl ich das gar nicht will.

Ich bin nach draußen gekommen, keine Frage. Aber bin ich auch innerlich ins Freie gelangt? Ich weiß nicht, wie ich reagieren würde, wenn ich der alten Frau am Bahnsteig heute wiederbegegnen würde. Alkoholatem. Kleidung zerschlissen. Würde ich nicht genau dieselbe verzweifelte Trinkerin in ihr sehen wie zu Beginn dieses Jahres? Funktioniert mein Rezept, nach dem ich ins Freie gelangen will, überhaupt?

Auf der einen Seite der Alltag, der gezähmt ist, mit seiner Tendenz zu Wiederholung und Langeweile, mit seinen gespurten Wegen und Reaktionsmustern, mit Frühstück und Handbesen, mit Geburtstagskerze und Krankenkasse, mit Wecker und Abspülen, aber auch mit der Gefahr, eines Tages keine Freude mehr zu finden, keine Befriedigung mehr zu spüren in der hohlen Wiederkehr.

Auf der anderen Seite der Ausstieg, die Loslösung von diesem Alltag, der unwiederbringliche Ausbruch ins Freie. Lagerfeuer statt Cerankochfeld, Chaos statt Ordnung, Selbstversorgung statt Supermarkt. Freilich mit der Gefahr, überfordert zu sein von all seiner Unmittelbarkeit und Leidenschaft, von seiner Unabhängigkeit und Angst, von all der drohenden Freiheit, die aufkommt, wenn nicht mehr die Zivilisation den Ton angibt, sondern die Wildnis, die Weite, die Autarkie.

Und dann, zwischen Alltag und Ausstieg, das Draußensein. Es soll vermitteln und aussöhnen, kleine, animalische Momente schaffen, um die herum die Gleichförmigkeit nicht mehr öde, sondern beruhigend wirkt. Wenn ich mit schlotternden Gliedern aus der Oder steige und nach Hause komme, freue ich mich über den kachelheißen Ofen? Wenn ich vor einem Köter über das Feld davongesprungen bin, den Puls laut bis zum Anschlag in den eigenen Ohren, dann begrüßt mich mein Hoftor nicht wie eine Gefängnismauer, sondern wie ein Schutzwall?

Alles schön und gut. Aber was, wenn diese Inseln zu klein sind, um auch langfristig ins Freie zu kommen? Wenn die Freiheit, die ich draußen erlebe, drinnen sofort wieder vergessen ist? Oder, schlimmer noch, wenn ich gar nicht fortkann? Wenn mir nur wenige Minuten zur Verfügung stehen? Ich drehe innerlich beinahe durch, muss äußerlich aber Ruhe bewahren? Gegensätzliche Kräfte zerren an mir, heben sich aber nicht auf, sondern bringen mich zur Weißglut?

Ein bewährtes Mittel, dem Alltag ein Schnippchen zu schlagen, ohne sich von ihm trennen zu müssen, bietet ein Feuer. Die Größe spielt keine Rolle. Notfalls ist eine Kerze im Wohnzimmer, ein Grillfeuer auf dem Balkon oder gar eine glühende Zigarettenspitze besser als nichts. Ein Feuer kann jederzeit, an jedem Ort entzündet werden, ich muss nicht aufbrechen dafür, und doch führt es mich, ohne dass ich auch nur einen Schritt tun müsste, zuverlässig ins Freie.

Klingt einfach.

Aber es funktioniert.

Ich spalte einige Birkenscheite auf dem Hackklotz, schäle die weiße Rinde herunter, lausche dem harzgetränkten Knistern. Ein Schatten gleitet über die Feuerstelle am Grundstücksende, sackt in den Entwässerungsgraben, legt sich über die offene Ackerkrume, zieht gemächlich davon. Der Milan. Ich hebe den Blick. Die lange, schmale Spanne mit dem weißen Flügelfeld, die Handschwingen schwarz gefingert, im Segelflug nach unten gesenkt, der Räuberschnabel, der markante, rostrote Schwanz. Der Milan hat bislang keine einzige Taube gerissen. Dafür hat ihm mein Nachbar offenbar das Leben geschenkt.

In wenigen Tagen wird der Milan das Oderbruch verlassen und nach Süden ziehen. Ich aber bleibe hier. Auf dem Hof. An der Feuerstelle. Auf der Grenze zwischen Draußen- und Drinnenwelt. Qualm wogt unter dem Rindenstück hindurch, wie durch einen Schornstein geführt, gelangt an seiner Kante ins Freie, steigt wirbellos in die windstille Luft. Die Späne färben sich schnell, bilden schwarze Buchten, auf denen rote Glutpunkte sitzen, es dauert nicht lang, und ich habe die erste, lodernde Flamme.

Es ist etwas auf genetischer Ebene. Seit wie vielen hunderttausend Jahren sitzt der Mensch am Feuer? Seltsamerweise wird es niemals langweilig dabei. Es ist dieselbe Entspannung des Sehmuskels, die ich kenne, wenn ich von den Höhen ins Bruch hinabblicke. Oder auf fließendes Wasser. Oder aufs offene Feld. Ob Weite, Feuer, Sonne oder See, es sind dieselben Lockerungen und Losungen, die ein Sehen ermöglichen, das es drinnen nicht gibt. Denn unter der Glut geht es weiter. Überm Wasser. Hinterm Horizont. Ein optischer Resonanzraum entsteht. Die Einheit von Sehen und Verstehen wird aufgespalten.

Ich sehe keine Gegenstände mehr, keine Geschichten, der Blick geht nach innen und in die Ferne zugleich. Ich nehme wahr, nehme auf, lege nicht mehr aus, kehre ein und versinke.

Unter der Fichte, neben der Feuerstelle, liegt das schwarze Gewölle eines Eulenvogels. Ausgewürgte, unverdaute Reste mit kleinen, weißen Knöchelchen. Von Feldmäusen, nehme ich an. Weder den Kauz noch den Uhu habe ich in letzter Zeit gehört. Sorge mich mit einem Mal, sie könnten in ein neues Revier geflogen sein. Ich werfe das Gewölle ins Feuer, es lodert auf und knistert, glüht, fällt dann in sich zusammen, während sich die Knöchelchen nur schwarz färben und in der Gewöllasche versinken.

Die Flammen bilden namenlos lodernde Gestalten, wankelmütige Schemen, die sich gruppieren und auseinanderdriften, in die Höhe streben und wieder zu Boden sinken, und ich verliere mich darin, lasse mich unterhalten, finde keinen Namen für das, was ich sehe, und habe doch beste Sicht. Je weiter ich draußen bin, umso mehr verabschiede ich mich von der Sprache, und gerade das, gerade die Sprachlosigkeit, befreit.

Indem ich die Bewegungen und Formen nicht mehr benenne, nähere ich mich einer Animalität, sehe kein Feuer mehr, keine Glut, keine Flammen, sondern etwas, das hell ist und wärmt, dem ich mich besser nicht weiter nähere, da es mich sonst verbrennt. Ich sehe keine Fichte mehr hinter mir, sondern etwas, das dunkel ist und hoch und senkrecht. Ich sehe keine Tageszeit mehr, sondern spätes Licht. Ich spüre Wärme, hinter mir Kälte, atme Frische, atme Staub. Was auf mich zukommt, Glutpunkte, letzte Insekten, scharfer Qualm bedeutet Gefahr, beschleunigt meinen Puls; was flieht, dem bin ich überlegen, da bleibe ich ruhig. Schatten sind eher bedrohlich, uneinsichtige, dunkle Flecken. Den Namen der Nacht kenne ich nicht. Ich weiß nur, dass es immer dunkler wird, schattiger, schwieriger, sich zu orientieren. Ich spüre Hitze auf der Haut. Gras ist kein Gras, sondern etwas, das kitzelt, von unten kommt, nach oben strebt, grünt, vergilbt.

Ich weiß nicht, was das ist, Naturzustand oder Unschuld, ich will es nicht wissen. Es gibt nur noch jetzt, nur jetzt. Sobald ich mich an den Moment erinnere, ist er fort. Er ist größer als ich, und ich bin dankbar dafür, dass er mich, selten genug, noch streift.

Wie wir alle trage auch ich ein mit den Jahren wachsendes Päckchen durchs Leben, Verschrobenheiten und Eigenheiten, die ich nur noch sehe, wenn meine Umwelt sie mir spiegelt, Unzulänglichkeiten und Ungerechtigkeiten, begangen oder erfahren, Übergriffe und Achtlosigkeiten, mit denen ich andere verletze oder andere mich. Im Alltag, wenn ich drinnen bin, muss ich mich dazu verhalten, muss ich mich rechtfertigen, dem Grund meiner gestrigen Aggression am Morgen nachspüren, Trunkenheiten aller Art ernüchtert nachhängen, mich zu Menschen in Beziehung setzen, ich muss verständlich und sozial verträglich sein und mich dann doch von früh bis spät entschuldigen, weil alles ganz anders, in der Sache zwar ernst, jedoch niemals persönlich gemeint war.

Im Freien aber, an einem Oktoberabend, am Feuer, darf ich einfach nur sein.

Ein kleiner Windstoß fegt über die Feuerstelle, bringt die Glut zum Leuchten, wirbelt Asche auf, die sich auf die Glutnester legt und die weniger großen erstickt. Ich verfolge den Kampf zwischen Asche und Glut. Denke an nichts. Bin draußen. Und wie ich aufhöre zu denken, beginne ich zu hören. Eine Grille, neben mir, sie zirpt nur noch schwach. Ein Kuckuck, über mir. Auf einer der jungen Eschen im Westen eine Nachtigall. Die Tiere im Dorf verschaffen sich Gehör, als gelte es, noch schnell vor dem ersten Nachtfrost auf sich aufmerksam zu machen, eben noch letztes Futter zu bunkern, einen späten Partner zu finden, bevor der Winter das Land abdeckt und die Einsamkeit und die weiten, weißen Nächte.

Ich zähle die Stimmen.

Vom Hof meines märkischen Nachbarn Gänseschnattern, entenartig, kurzsilbig, wahrscheinlich nähert er sich mit dem Futtereimer, von der Loose seines Cousins weht leises Doggengebell und, kaum hörbar, ein einzelnes, empörtes Schafmeckern herbei.

Die Laute sind nicht aufeinander abgestimmt, die Tiere reagieren nicht aufeinander, wie es die Tauben tun oder die Rehe, deren Rufe und Widerrufe oft klar zu bestimmen sind.

Zwischen alldem die schnellen Läufe einer Drossel und dann ein vorbeisurrendes Insekt.

Ich zähle neun Stimmen.

In einem einzigen, kleinen Moment.

Weit hinterm Dorfende, auf dem Sammelplatz zwischen Feldsee und Bahnlinie, stößt ein Kranich einen hektischen Warnruf aus. Die Kolonie ist seit einigen Tagen zurück, nächtigt in flachen Wassern, die Schutz vor den Füchsen bieten, und startet bald durch nach Süden, in wärmere Gefilde. Ein zweiter Kranich antwortet. Dann wieder der Warnruf des ersten.

Die Lage dort hinten scheint angespannt. Ich schirme die Augen nur noch aus Gewohnheit ab, das Licht ist längst schwach geworden, die Weite konturlos und mild. Es ist ein Licht, das dem Streufilz, dem gefallenen Wintergras, den niederliegenden Vegetationsresten eine warme Farbe verleiht, den Boden aber nicht mehr erwärmt. Doch was die Kraniche erzürnt, sehe ich nicht.

Ich blicke ins Feuer. Die Flammen beherrschen ihren alten Trick: Sie fangen meinen Blick in der Nähe, geleiten ihn aber in die Ferne. Einen Moment denke ich noch, welche Sünde das ist, sinnlos Holz zu verbrennen, unnötig Rauch zu erzeugen, Kohlendioxid. Doch mit einem Mal wird mir das alles zu blöde, das politisch korrekte Handeln, die Angst vor dem schlechten Gewissen, die Selbstzensur und das Grübeln. Ich sehe das Aufschlagen und Abknicken, das Züngeln und Zündeln, tiefrot im Glutkern, durchsichtig und gelb an den Rändern, und ich bin hier und fort im selben Augenblick.

13. Kapitel

Wiedersehen mit Fuchs

Erster November. Auf dem brachliegenden Acker belauert ein Fuchs eine Katze. Der Fuchs umrundet sie in einem großen Kreis. Er wird nicht schneller, verringert aber zunehmend den Radius. Hin und wieder schaut er hinter sich: Naht Verstärkung? Lohnt der Angriff? Die Katze schert sich um nichts, liegt mit breitem Rücken inmitten des kargen Ackers. Schläft sie? Wittert sie nicht die drohende Gefahr? Muss ich sie warnen?

Seit die Tage kurz geworden sind, stehe ich in jeder Mittagspause unterm Birnbaum, unter einem Himmel, der an Weite eingebüßt hat, grau geworden ist, auch wenn er sich noch immer über denselben Acker spannt. Der Horizont ist von Nebel verhangen, auf dem Acker liegen einige welke Außenblätter Kohl. Die Fichten hinter mir riechen nicht mehr, seit die Sonne sie nicht mehr erwärmt. Die Fruchtblätter der weiblichen Blüten, die im Frühjahr wie kleine Kerzen aufragten, sind nun zu festen Samenschuppen verholzt. Kleine Fichtenzapfen wachsen heran, die nun nicht mehr auf den Ästen stehen, sondern trocken und hölzern herunterhängen.

Ein Bellen.

Heiser. Wie erschöpft. Ganz kurz nur.

Der Fuchs ist zu einem etwas kurzen Angriff übergegangen, bellt erneut, faucht die Katze dann an. Sie ruckelt mit dem Kopf. Sichtet ihren Feind. Bleibt ruhig. Ich verstehe nicht, warum sie nicht flieht. Der Fuchs scheint unentschlossen, schnürt sogar wieder einige Meter fort, in meine Richtung. Da erst erkenne ich ihn. Der Schwung der Wirbelsäule. Der verbrannte Fleck im Deckhaar der Stirn. Einen Moment bin ich mir sicher. Er ist es. Der Fuchs, der mich im März aus dem Kiefernwald vertrieb. Aber ist es möglich? Dass ich genau ihn wiedersehe? Genau hier, mehrere Kilometer vom Waldrand entfernt?

Nein.

Ich weiß nicht.

Wieder suche ich einen Zusammenhang, suche ich Ursache und Wirkung, Herkunft und Verweis, um Ordnung in die Vielstimmigkeit zu bringen, die mich draußen umgibt. Über unsere Vorfahren, die in jedem Donnerschlag den Zorn Gottes hörten, machen wir uns lustig. Und übersehen dabei, wie gierig wir selbst noch immer nach einer Erzählung sind, nach dem Gefühl, durchschaut zu haben und nachzuempfinden, wie sich das eine aus dem anderen ergibt.

Im späten Herbst, zu Beginn des Winters verliert das Nahweh an Stärke. Der Birnbaum ist kahl, und kahl sind die Robinien auf der Dorfstraße, kahl ist die Linde am Dorfpfuhl, den morgens eine dünne Haut Reif bedeckt, und entlang der Landstraße kürzen Baumpfleger mit gigantischem Lärm die Kopfweiden; brachial gestutzt, ist allein durch den trostlosen Anblick mein Nahweh gleich mitgestutzt.

Die Kreisläufe des Lebens sind herabgeregelt, die Kraniche im Süden, Marder und Iltis in ihrem Bau. Die nächste Generation ist zur Welt gekommen, ein Nahrungsvorrat für den Winter angelegt, und es gibt nicht viel mehr zu tun, als zu kauen und zu schlafen. Es ist etwas von dieser beginnenden Winterstarre, die auch mich befallen hat, ich komme mit weit weniger Bewegung aus als im Sommer, kann schon mal stehen bleiben, dem kalten Regen zusehen, der über dem Feld niedergeht, von keinem Windhauch in seiner Fallbahn gestört.

Das Nahweh wird nicht mehr zum Schmerz, gleicht nur mehr einem Kribbeln, als sei mir eine Gliedmaße eingeschlafen. Ich spüre noch die alte Unruhe, das schlechte Gewissen, wenn ich drinnen bin, wenn zwischen mir und der Welt Mauern sind, aber sie bringt mich nicht mehr um den Verstand.

Ich spüre keine Geborgenheit, am Schreibtisch, am Fenster, in der trockenen Heizungsluft, doch so etwas wie Gleichmut, leise Zufriedenheit. Vielleicht ist es, wie wenn ein alter Mann eine anziehende Frau ansieht: Vielleicht genießt er noch ihre Anziehung, doch er unterliegt nicht mehr ihrer Macht.

Der Fuchs belauert die Katze nun aus nächster Nähe. Kein Meter trennt sie mehr. Eine Spannung liegt zwischen ihnen, die ich nicht deuten kann. Was geht hier vor? Ist er krank? Ist sie verletzt? Nur die Flanken der beiden heben und senken sich beim Atmen. Der Fuchs wirkt auf einmal wieder sehr fremd auf mich. Wir haben keine gemeinsame Geschichte, wir haben nur eine gemeinsame Gegenwart. Und doch ist es wieder ein Fuchs, der mich ins Freie bringt. Nicht weil ich Angst hätte, wie damals im Wald. Sondern weil der Fuchs einen Raum öffnet, der so viel größer ist als die paar hundert Meter kargen Feldes zwischen uns.

Einen Raum, der nicht nur den Kiefernwald umfasst und das Oderbruch, sondern auch die Zeit. Ich werde noch am Leben sein, wenn vom Fuchs nur noch Knochen sind. Und ein anderer Fuchs wird am Leben sein, wenn von mir nur noch Knochen sind. Es ist nicht der Gedanke, der plötzlich quälend wird, der Gedanke ist ja nicht neu. Es ist vielmehr das Gefühl, das Altbekannte auf einmal zu verstehen. Zu spüren. So unmittelbar auf der Haut, als würde die Schwärze und die Leere des Nichtraums, in dem der Fuchs und ich uns Jahrmillionen von Jahren aufhalten, oder eben nicht aufhalten werden, bereits um mich aufgehen und mich zu sich ziehen.

Eine herbe Rauchfahne zieht zu mir herüber. Wie so oft, zu Beginn des Winters. Ohne Unterlass brennen auf den Höfen letzte Kartoffelfeuer, oder der erste Baumschnitt, oder etwas, das man anderweitig nicht losgeworden ist. Niemand kontrolliert es. Niemand stört sich daran. Wenn ich näher käme, würde ich einsame Gestalten neben den Feuern stehen sehen, mit einer Forke in der einen und einer Bierflasche in der anderen Hand. Erdklumpen bis zum Horizont, Kohlblätter, Nebelkrähen: Kann eine Landschaft eine Haltung hervorbringen? Einen Common Sense, einen Menschenschlag? Kann eine Region schwermütiger sein als eine andere? Sind die Bayern bigott, die Preußen schnodderig, die Rheinländer frivol?

Ist das Oderbruch melancholisch? Aber auch frei, gelassen und tolerant?

Ja. Und natürlich: nein.

Wenn wir etwas verstehen wollen, ein Land oder ein Volk, berufen wir uns gern auf seine besondere Lage, auf seine besondere Geschichte. Franzosen? Libertinär wegen der Revolution. Briten? Verschroben wegen der Insellage. Russen? Melancholisch wegen der endlosen Wälder. Alles Unsinn, keine Frage. Als vermeintliche Folgerichtigkeiten aber geschmeidig und daher nicht totzukriegen. Und so wird auch dem Oderbruch aufgrund seiner Geschichte eine besondere Mentalität zugesprochen.

Nach der Trockenlegung kamen hier Neubürger aus den verschiedensten Regionen des Landes zusammen, um den Boden zu kolonisieren. Pfälzer mussten mit Württembergern klarkommen, Hessen mit Sachsen. Die Kolonisten kamen auch deswegen ins Bruch, weil sie in ihren Herkunftsländern keine Freiheitsrechte genossen. Friedrich II. dagegen versprach ihnen, jeder dürfe auf seine eigene Weise glücklich werden, auch in Fragen der Religion. Jeder nach seiner Façon. Das, so geht die Gleichung, wirke bis heute nach.

Seither gingen freilich zweihundertfünfzig Jahre ins trockengelegte Land. Es folgten noch Kriege, etliche Fluten und Überschwemmungen, harte Winter und milde Winter, Flüchtlingstrecks und Systemwechsel, Ernteausfälle und Bodenreform, Jahrhunderternten und Privatisierung, Ladensterben und Hartz IV. Und daneben ereigneten sich noch Tausende anderer kleiner Geschichten, still und unbeleuchtet, zwischen Oder und märkischer Schweiz, Familienzwiste und Liebesglück, Geschäftseröffnungen und Schulabgänge, nächtliche Panikattacken, Todesfälle und Sommerabendmusik. 1945 kamen neue Flüchtlinge, diesmal aus den ehemals deutschen Ostgebieten.

Was hier zu Toleranz geführt hat? Was nicht?

Warum ich mich im Oderbruch so frei fühle? Warum mir die wenigen Menschen, die mir hier draußen begegnen, so liebenswert sind?

Ich weiß es nicht.

Aber ich fühle mich wohl hier.

Die Katze hat sich nun doch erhoben und macht einen Buckel. Sie scheint den Fuchs anzufauchen, in jedem Fall bekommt er einen Schreck, weicht einige Meter zurück. Die Katze zieht ihren Buckel wieder ein. Dann bemerke ich meinen Irrtum: Sie hat nur gegähnt. War nur müde. Hat sich nur einmal ordentlich gestreckt. Der Fuchs springt auf sie zu, die beiden berühren sich und tollen plötzlich auf dem Acker umher.

Was ist das? Kämpferisch? Spielerisch? Loten sie aus, wer in der Hackordnung oben steht? Wer schneller ist? Der Fuchs reibt sich an ihrem Fell, streckt eine Tatze nach ihr aus, langt aber nicht zu. Er verharrt, Seite an Seite, macht jede Bewegung der Katze mit wie ein tänzerischer Schatten, wie ein Partner auf dem Trapez, und dann stehen die beiden einander gegenüber, ihre Schnauzen berühren sich beinahe, zumindest sieht es von meinem Beobachtungsposten so aus.

Belauern sie sich?
Umwerben sie sich?

Für das Nahweh im Winter braucht es besondere Sensoren; im Vorbeigehen, auf der Fahrt zum Supermarkt lässt es sich kaum aufspüren, ich muss genauer hinsehen, es bereitwilliger zulassen. Das Nahweh im Winter ist die Königsklasse, in der man sich erst nach den Novizentagen im Frühling, der Volkssportklasse im Sommer, der herbstlichen Farbenschwere zurechtfinden wird; denn wenn ich nicht ganz genau hinsehe, ist draußen kein Wunder, ist es draußen einfach nur grau und weiß. Der Wind bläst schärfer, die Nacht ist dunkler, die Morgensonne wärmt nun nicht mehr.

Während das Nahweh im Sommer zu mir kommt und mich packt, ist es im Winter umgekehrt, muss ich das Nahweh aufsuchen, es anreizen, anfüttern, herbeilocken, umgarnen und hegen, ihm auch einmal gut zureden und seine Schwäche niemals vorhalten, sondern im Gegenteil dankbare Überraschung zeigen, wenn es hin und wieder doch einmal durchbricht wie ein verirrter Trieb durch den Schnee. Wenn auf einmal doch eine kleinteilige Lebendigkeit aufkommt, gleich hier, gleich am Ende des Grundstücks, am Anfang des Felds.

Ein Kammmolch, der über frostigen Grund schleift, in sein Wurzelloch schlüpft. Ein Kauz, der seine Schwingen erhebt, vom verholzten Schachtelhalm in die Luft federt. Reif, der aufstiebt. Ein Reh, das sein Winterkleid freischüttelt, Robinienborke vom Stamm zupft. Sich tiefer im Feld verliert. Graues Gras, das plattgetreten wird, sich nicht wieder aufrichtet. Luft, die durch witternde Nüstern dringt.

Der Fuchs und die Katze trotten nun nebeneinanderher über das Feld, nach Osten. Was haben sie sich zu erzählen? Die Familie? Die Arbeit? Der nahende Winter? Ich frage mich, was der Fuchs getrieben hat, in dem zurückliegenden Jahr? Ob er Vater geworden ist?

Völlig unvermittelt beißt er der Katze in den Schwanz. Ich glaube im ersten Moment nicht, was ich sehe. Die Katze rollt sich mit einem Kreischen zusammen, verharrt völlig verblüfft, ändert dann behände die Laufrichtung, stiefelt zur Loose des Cousins meines Nachbarn, aus der sie offenbar stammt.

Hat der Fuchs sie wirklich gebissen?

Aber warum?

Der Fuchs sieht ihr nach. Steht. Atmet. Kondenswolken über seinem Maul. Er wirkt selbst erschrocken, ein wenig einsam gar, wie er ihr nachsieht. Nein. Das nehme ich zurück. Ich sehe ihn, und es ist ein Fuchs, und mehr weiß ich nicht. Ich habe nicht die geringste Ahnung, wie es ihm geht. Er schnürt in entgegengesetzter Richtung über das offene Feld, nähert sich mir dabei an. Ist es mir in nur einem Jahr gelungen, so weit nach draußen zu kommen, dass ein Fuchs mich nicht mehr als Gefahr ansieht? Mich zulässt wie einen Baum? Er kommt näher. Immer näher. Immer näher.

Doch dann schnürt er an mir vorbei.

14. Kapitel

Glühende Großväter

Mein märkischer Nachbar und sein Cousin könnten verschiedener nicht sein. Während mein märkischer Nachbar hin und wieder auf einen Roten Milan schießt, glaubt sein Cousin in heiligen Momenten, er sei selbst ein Roter Milan. Wenn man mich fragt, übertreiben sie es beide ein wenig.

– Mit dem würdste dir verstehen, sagte mein märkischer Nachbar vor zwei Wochen, als ich gerade über die Würfelborke meines Birnbaums strich.

So etwas ist ja immer ein wenig peinlich, aber ich gebe zu: Der Vorgang dauerte einige Minuten. Ja, genau, der Vorgang des Borkestreichelns. Nun ist es raus. Ich genoss das grobkantige Gefühl unter den Fingerkuppen. Den winterlich kalten Stamm. Die körperliche Nähe zum Baum.

Zehn, fünfzehn Minuten stand ich locker so da. Aber ich wollte ihn nicht umarmen. Wirklich nicht!

– Der umarmt ooch allet, vonne kleinste Ameise an!

– Wer?, fragte ich, auf frischer Tat ertappt.

– Na, der, wo ick von sprechen tu, du Dödel. Mein Cousin. Sohn meiner Tante. Nenn wa hier Cousin. Nie jehört, dit Wort?

– Du hast nur erzählt, dass er Schamane ist. Ich war noch nicht auf seinem Hof.

– Na, dit könnwa ändern. Nach'em Motto: Treffen sich zwee Verrückte! Ick verkuppel euch mal. Aber, dit plauder ick schon mal aus: Dann bin ick weg. Könnta eure Ameisen alleene umarmen.

Zwei Wochen später lädt mich der Cousin zu einer Schwitzhütte ein. Seine Loose ist der freieste, wildeste und großartigste Ort, den ich je gesehen habe. Vier Hektar Land, ungesenst, winterkahl, wild wucherndes Steppengras, vom Reif herabgebogen, knorrige, kahle Apfelbäume, keine Grenze, nirgends. Das Land geht einfach in die umliegenden Felder über, Freiheit in alle vier Himmelsrichtungen, Scheune windschief, nur noch halb mit Asbest gedeckt, das Haupthaus in gepflegtem Verfall.

Ich bin sofort begeistert.

Auch die Dogge, die mich im Sommer durch das Maisfeld jagte, um mit mir zu spielen, liegt, ich kann es nicht anders sagen, lammfromm im Eingangsbereich der ehemaligen Schnitterkaserne und lässt mich den ganzen Abend in Ruhe.

Jetzt stehe ich hinter der Kaserne, mitten im Steppengras, es ist kalt, es ist Nacht, der Himmel schwarz und konturlos; ohne Anfang und ohne Ende wölbt er sich über das Bruch. Neben mir: der Cousin und seine Frau, beide eingemummt in Skihose, Winterjacke und Mütze, sowie ein Freund der beiden, der ziemlich indianisch verkleidet aussieht. Wir stehen rings um die Feuerstelle, in der das Feuer noch immer nicht brennt.

Wieder geht eine Böe auf uns nieder, der Ostwind greift mir in den Nacken, lässt die Augen tränen, lähmt die Gesichtshaut, vor allem an Wangen und Mund. Es ist so kalt, dass es schmerzt. Wenn ich spreche, gelingt das nur ungelenk, als hätte ich beim Zahnarzt eine Betäubung bekommen. Handschuhe, Schal, Mütze – an alles ist gedacht, doch es sind die Mundschuhe, die Wangenmützen, die noch zu erfinden sind.

Neben der Feuerstelle kauert die Schwitzhütte im ungemähten Wintergras. Sie hat die Form eines Iglus, breit und geduckt. Alte Bundeswehrdecken liegen über dem gewölbten Gestänge aus Weidenruten, überlappen sich am Eingang zu einer unscheinbaren Tür.

Heiß soll es werden, darin.

Sehr heiß.

Wir werden uns trotz der Kälte ausziehen und körperlich an unsere Grenzen gehen. Vielleicht auch nicht nur körperlich.

Viel mehr weiß ich noch nicht.

Der Cousin und seine Frau schweigen, kommunizieren nur mit Blicken, taxieren mich heimlich, halten sich sonst aber im Hintergrund. Denn zunächst dreht sich alles um ihren Freund, den Feuermann. Der ist dafür zuständig, das Feuer zu entfachen und die Schwitzhütte einzuheizen. Er ist nicht aus der Ruhe zu bringen, auch wenn er seit einer geschlagenen Stunde versucht, das Reisig unter den Buchenscheiten zu entfachen. Der Wind ist zu stark, das Zündholz mit seiner kleinen Flamme erlischt sofort wieder.

– Achtung, die Feuerlinie!

Wieder habe ich nicht aufgepasst und bin über die gedachte Linie zwischen Schwitzhütte und Feuerstelle geschritten. Die Feuerlinie zu queren ist ein Tabu. Ich habe außen herum zu gehen. Weil es sonst den Energiefluss stört? Ich habe keine Ahnung. Noch nicht. Aber ich will alles lernen, in dieser Nacht. Endlich wieder Lehrling sein. Nichts wissen. Das auch zugeben dürfen. Ich hatte vergessen, wie befreiend das ist.

Noch ahne ich nicht, dass meine Neugierde in dieser Nacht zu einer Grenzerfahrung werden wird.

Noch bin ich guten Mutes.

Gegen die Kälte stampfe ich von einem Bein auf das andere und schlage dabei auf einen goldenen Gong ein, den mir der Cousin in die Hand gedrückt hat. Der Schamane, wie ich nicht ohne Respekt denke. Der Gong klingt hell und kräftig, auch wenn der Rhythmus, den ich schlage, noch etwas unsicher ist.

Noch mal der Reihe nach: Ich stehe an einem eiskalten Dezemberabend zu Beginn des 21. Jahrhunderts vor einem Feuer, das seit einer Stunde nicht brennt, und schlage auf einen Gong ein. Und das Seltsame: Ich komme mir dabei nicht lächerlich vor. Es hat alles seine Richtigkeit. Die sternenklare Nacht. Der schneidende Ostwind. Die Weite der Felder ringsum. Sogar die Feuerlinie. Warum nicht. In der Stadt bleibe ich vor einer roten Ampel stehen. Und hier vor einer nicht vorhandenen Linie. Wer will schon wissen, welche der beiden Regeln die vernünftigere ist?

Während ich den Namen des Cousins und seiner etwas älteren Frau kenne, wollte der Feuermann seinen nicht nennen.

– Ich bin der Feuermann, sagte er nur.

Er stammt aus der Stadt, hat seine Berufung zum Schamanismus erst spät entdeckt. Er will, dass man ihm seine Profession ansieht. Pferdeschwanz. Lederweste. Immerhin keine Feder im Haar. Er ist nun in ein wiegendes Wippen übergegangen, dabei singt er eine Melodie, so eingängig, dass sie mir als Ohrwurm bleiben wird. Eins muss man ihnen lassen, den Messdienern, in der Kirche und unterm Sternenhimmel, mit ihrem Weihrauch und ihren Melodien: Sie wissen zu betäuben.

Trotz Gesang brennt aber das Feuer nicht.

Irgendwann hat der Feuermann genug. Wahrscheinlich ist ihm einfach nur kalt. Er geht in den Schuppen, kommt mit einem Kanister zurück und tränkt das geweihte Holz mit Benzin. Nicht zu fassen. Da mühe ich mich seit einer Stunde darum, trotz Schlotterns und Zitterns die Feuerlinie nicht zu queren, und schlage mit dem Gong die Glut herbei, und dann das. Schnöde Chemie. Warum das kein Skandal auf der zuvor eigens geweihten Erde ist? Mir wird klar, dass ich noch viel über meine Gastgeber lernen muss.

Die Flamme sticht in die Höhe, greift nun ohne Mühe vom Feuerholz auf die kleingehackten Buchenscheite über, Räuchereigeruch steigt auf, lässt an Schinken denken, an Aal. Das Feuer widersteht nun dem Wind, faucht über die Hölzer, züngelt durch das Reisig, wächst, nachdem die Stichflamme herabgebrannt ist, langsam wieder in die Höhe. Noch ist es nur ein Widerschein, doch mit dem Widerschein macht sich erste Wärme breit. Die Erleichterung ist zu spüren, beim Feuermann, beim Cousin, bei der Frau des Cousins.

Nur ich bin entsetzt.

Schamanismus. Im Grunde habe ich ja keine Ahnung davon. Aber war das nicht irgendwas im Einklang mit der Natur? Also eher Brennglas und Reibestöckchen als Feuerzeug und Benzin?

Nun ist der Cousin an der Reihe. Nachdem ich so lange dem als Indianer verkleideten Feuermann zugesehen habe, bedeutet der Blick auf die Allerweltskleidung des Cousins beinahe eine Erholung. Er greift in den Himmel und macht flatterige Bewegungen mit den Armen, als wolle er die Sterne zu sich herabziehen. Er bestimmt die Zahl der Großväter auf zweiundzwanzig. Das ist so mittelschlimm. Es hätten auch sechsundvierzig werden können, oder siebenundsiebzig. Aber eben auch nur drei. Doch so sind es also zweiundzwanzig Großväter (gemeinhin: Feldsteine), die wir in der Dunkelheit zusammenklauben und in das Feuer legen, sobald das Buchenholz durchgeglüht ist, um den Großvätern ein heißes Feuerbett zu bieten.

– Wie bist du jetzt auf zweiundzwanzig gekommen?, frage ich den Cousin. Er deutet in den Himmel, wiegt den Kopf, antwortet nicht.

Die Frau des Cousins, die den ganzen Abend kein Wort an mich richten wird, sieht mich an, als habe meine Nachfrage die Würde ihres Mannes beschmutzt. Das ist das Schwierige für den, der kein Teil des Bundes ist, der die drei, die deutlich älter sind, am Feuer zusammenhält: ein simples Nachfragen klingt wie Kritik. Dabei wollte ich es einfach nur wissen.

Als sie merkt, dass ich ihren Mann gar nicht angreifen wollte, legt mir die Frau des Cousins ihre Hand einen Moment zu lang auf die Schulter. Und sagt immer noch nichts. Auch ihr sieht man den Schamanismus nicht an. Ihr Haar ist unter einer geringelten Mütze verborgen, die lange Daunenjacke und die Boots sind aus billigem, windabweisendem Plastik. Sie könnte problemlos in einer Einkaufsstraße mit ihnen spazieren gehen. Das Dünkellose gefällt mir.

Überrascht gestehe ich mir ein, dass mir auch sonst alles ziemlich gut gefällt. Bis hierhin, zumindest. Das Feuer, das mich nun endlich wärmt, die Sträucher und Schilfgräser, die im Widerschein der Flammen rings um uns aus der Nacht brechen, ja, auch das natürlich: das Sternenzelt, der kalte Wind sogar, und auch die nervöse Ungewissheit, wie es weitergehen wird mit meiner ersten Zeremonie.

Oben in der Kaserne ist ein feierliches Essen vorbereitet, zum Ausklang, wenn alles vorbei ist. Fünf Teller stehen dort, nicht etwa vier. Einer für den Feuermann. Je einer für den Cousin und seine Frau. Einer für mich, den Novizen. Der fünfte Teller aber ist für die Großväter gerichtet, er wird weitgehend leer bleiben; auf ihn wird von jeder Speise nur ein symbolischer Teelöffel aufgegeben werden. Und vor dem Großväterteller steht ein eigener Großväterstuhl, der verwaist bleiben wird.

Ich habe zahllose Fragen angesammelt, die ich dem Cousin stellen werde, wenn wir die Zeremonie hinter uns gebracht haben. Auf Platz eins meiner Liste steht bislang: Warum besingt ihr die Natur, bezwingt sie aber mit Benzin? Noch weiß ich nicht, dass ich bis zum feierlichen Essen gar nicht mehr auf dem Zeremonieplatz und auch nicht mehr recht bei Sinnen sein werde.

Während sich der Feuermann vor den Flammen verbeugt wie vor einer Gottheit, zieht der Cousin nun eine zweite Schicht Zeltplanen über das Gerüst aus Weidenruten, seine Frau hilft ihm dabei. Auch ich helfe, die schweren Filzdecken aus alten Bundeswehrbeständen überzuziehen. Mit einem Mal blicke ich auf einen Aufnäher, der davor warnt, die Decken seien mit Eulan behandelt.

Eulan?

Was ist das?

Heimlich gehe ich etwas abseits und zücke mein Handy. Die Frau des Cousins beobachtet mich aus der Ferne. Angespannt. Unsicher. Sie will nicht überprüfen, was ich überprüfe. Sie hat nur Angst um ihren Mann, um das Glücken der Zeremonie.

Eulan?

Wenn mich ein solches Wort beunruhigt, ist es noch ein weiter Weg zum Draußensein. So viel weiß ich mittlerweile. Wenn ich Stoffe auf ihre gesundheitliche Bedenklichkeit untersuche, bin ich noch ziemlich weit drinnen. Solange das Handy eingeschaltet ist, wird es sowieso nichts mit dem Draußensein.

Aber ich will es nun einmal wissen.

Wikipedia hilft weiter. »Chlorphenylid oder Eulan ist ein Stoffgemisch aus den beiden insektenvernichtenden Wirkstoffen PCSD und PCAD«.

Wenig beruhigt springe ich zu »Chemische Eigenschaften und Toxikologie«. »Angaben zur akuten Toxizität von Eulan liegen bei einem LD50-Wert von 1000 mg/kg.« Ich klicke auf »LD 50«.

LD steht für Tödliche Dosis!

Und da soll ich mich reinsetzen?

Irgendwie merke ich, dass mir die innere Ruhe, die für die Zeremonie entscheidend sein soll, abhandenkommt. Die Frau des Cousins muss gar nicht erst besorgt herübersehen. Dass ich falsch an die Sache herangehe, merke ich auch so. Es ist wie mit dem Kiffen. Das sollte man auch besser bleiben lassen, wenn man zu innerer Unruhe oder gar zu Ängsten neigt.

Vorhin, als ich noch fror und einfach nur draußen im Wind stand und die Nase schmerzte, da hatte ich sie noch, diese innere Ruhe. Doch nun, nachdem der Kult Einzug gehalten hat, mit seinem Benzin, mit seinem Eulan, werde ich nervös. Etwas sagt mir: Das wird heute nichts mehr. Lass lieber die Finger davon.

– Kommst du? Wir bringen die Großväter ins Zelt!

Einer der heiligsten Momente der ganzen Zeremonie, wie mir der Cousin vorab erklärt hat.

Er hatte mich um eine Art Kennenlerntreffen gebeten. Gerne war ich seiner Einladung in den Dorfkrug gefolgt. Alles Ironische, was meinen märkischen Nachbarn ausmacht, ist bei seinem Cousin nicht zu finden. Zur Erstbegrüßung umarmte er mich lang und ausgiebig, streichelte mir über den Rücken. Dann sah er mich an und lächelte mild.

– Was muss ich denn zur Vorbereitung tun?, fragte ich, sobald zwei Tassen Kaffee vor uns standen. Alkohol trinkt der Cousin meines Nachbarn nicht.

– Nichts, Bruder. Nichts.

– Gar nichts? Ich meine, muss ich vorher viel Wasser trinken, wegen der Hitze, oder was ist, wenn ich Hunger kriege?

– Nee, nee. Nichts.

– Nichts, schön und gut, aber –

– Also, wenn du mitmachen willst, gern. Aber hör bitte auf, deine städtischen Fragen zu stellen. Nichtstun ist eine wunderbare Vorbereitung für eine Schwitzhütte. Mehr als nichts musst du vorher absolut nicht tun!

– Und ins Freie findet man dann ganz von allein?

– Willst du das denn? Ins Freie kommen?

– Ich dachte, das wäre der Sinn dahinter?

– Der Sinn? Kleine Bitte, sagte der Cousin, sprich nicht von Sinn!

– Aber warum machst du dir dann die Mühe mit

der Schwitzhütte? Ist ja nicht ganz ohne Aufwand, so ein Ding.

– Ganz einfach, Bruder. Manchmal verliere ich meinen Schlüssel. Kein Problem, denke ich dann. Kommt vor. Manchmal aber verliere ich erst meinen Schlüssel und dann meine Handschuhe. Nun ja, denke ich. Kann auch vorkommen. Manchmal verliere ich aber an ein und demselben Tag meinen Schlüssel, meine Handschuhe und verlege dann auch noch meine Brille. Dann weiß ich, es ist Zeit, mal wieder in die Schwitzhütte zu gehen!

– Und danach findest du alles wieder?

– Nein. Danach verliere ich nichts mehr.

– Aber was genau passiert denn nun in der Hütte?

– Es wird so heiß werden, dass du rausgehen willst. Du wirst fliehen wollen. Das musst du überwinden. Bleib einfach sitzen. Es ist keine Frage der Hitze, sondern des Willens. Du hältst nicht aus, was der Körper erträgt, sondern umgekehrt: dein Körper hält aus, was dein Geist erträgt. Die Plane ist nicht verschlossen, aber denk dran: Wenn du die Hütte einmal verlässt, darfst du nicht wieder rein.

Danach hat er mich nur noch angelächelt und genüsslich einen zweiten, schwarzen Kaffee geschlürft.

Keine Milch, kein Zucker. Versteht sich.

Auf dem Zeremonieplatz folgt nun das Einbringen der glühenden Großväter. Das darf ich auf keinen

Fall verpassen. Ich verstecke das Handy in der Parkatasche und ziehe mit abgewandtem Rücken einen Kräuterschnaps heraus, den ich gegen die Kälte eingesteckt habe. Ich nehme nur einen kleinen, eher trotzig gemeinten Schluck auf dem Zeremonieplatz, wo Feuerwasser natürlich verboten ist. Jeder hat eben seine eigenen Mittel, an die er glaubt.

Die Großväter sind inzwischen komplett durchgeglüht. Leuchten wie orangerote Ufos auf der Schippe des Feuermanns, ziehen Schwaden von Rauch hinter sich her. Ich bin beeindruckt. Ich versuche, mich noch einmal auf die Zeremonie einzulassen. Der Feuermann gibt acht, nicht die Zeltwände zu berühren, bringt dann einen Großvater nach dem anderen in die Zeltmitte ein, wo eigens für sie eine Kuhle in den gefrorenen Boden gehackt worden ist. Mit jedem neuen Großvater zischt es kurz auf. Dann liegen sie dort wie leuchtende Fremdkörper, die meinen Blick sofort gefangen nehmen.

Es wirkt. Ja, es wirkt.

Ich nicke dem Cousin zu, als wollte ich mich für meine Zweifel entschuldigen. Für meine Überprüfung bei Wikipedia. Für meine Erdung der mühsam herbeigewirkten Transzendenz. Der Cousin sieht etwas irr zurück. Seine Kanäle für die Außenwahrnehmung sind längst abgeschnitten. Seine Frau aber lächelt mich beinahe streng an: Sag besser nichts. Mach uns das nicht kaputt.

Und dann ziehen wir uns aus, der Cousin, seine Frau und ich. Draußen, vor dem Zelt, in aller Kälte. Nur der Feuermann bleibt bekleidet. Er wird nicht in die Schwitzhütte gehen, sondern draußen weiter das Feuer schüren. Schließlich werden die Großväter später, bei nachlassender Glut, zurück ins Feuer gelegt.

Allein das Ausziehen bei vier Grad unter null und schneidendem Ostwind ist ein Vergnügen. Allein dafür hat sich alles gelohnt. Wir behalten jeder ein Shirt an und Shorts, um Nacktheit geht es hier nicht. Mein Körper ist binnen Sekunden ausgekühlt, der Wind betäubt die Waden, den Rumpf, meine Bewegungen geraten unkontrolliert, fahrig.

Ich stelle mich hinten an, als Novize werde ich als Letzter das Zelt betreten, der Cousin weiht es, räuchert es mit einem Weihrauchschwenker aus, dann verschwindet er darin. Die Frau des Cousins steht klein und zitternd vor mir in der Kälte, verbeugt sich, verschwindet ebenfalls hinter der Stoffbahn. Und dann gibt es auch für mich kein Zurück mehr.

Im Zelt empfängt mich eine stehende Hitze, die nicht angenehm ist, sondern sich wie ein brennender Film auf die ausgekühlten Glieder legt.

Mein erster Gedanke: Hier bleibe ich keine fünf Sekunden. Es ist schwarz in dem Zelt, nichts zu sehen außer den schwach glühenden Großvätern in der Mitte.

Ich setze mich, direkt auf den eisigen Boden. Es ist alles einfach nur durchgeknallt, der Körper ausgekühlt, von vorne die glühenden Großväter, von unten der gefrorene Boden, mein Puls hält nicht Schritt mit diesen Widrigkeiten, ich merke, wie er zu galoppieren beginnt.

Warum tue ich mir das an?

Warum sitze ich nicht einfach draußen am Feuer und blicke hinaus in die Dunkelheit?

Ich weiß nicht, wie heiß es hier drinnen ist, aber eines ist klar: Eine Sauna wirkt im Vergleich wie ein leichter Sommerwind. Die Hitze ist nicht nur unerträglich, sondern geradewegs feindlich, scharf hebt sie sich mir ins Gesicht, und dann gießt der Schamane, also der Cousin, auch noch Wasser auf die Großväter auf.

Beißender Dampf steigt empor, versengt mir die Gesichtshaut, ich will heulen, schreien, vor allem aber hier raus. Ich erinnere mich an unser Gespräch im Dorfkrug. Den Fluchtimpuls überwinden. Wenn ich gehen will, einfach bleiben. Besser nicht frühzeitig raus. Einmal draußen, darf ich nicht wieder rein.

Warum eigentlich nicht?

Nicht frühzeitig raus, denke ich, während auf einmal Würmer über meine Schläfen kriechen, nicht frühzeitig raus, wann ist das? Jetzt? Was ist das auf meinen Schläfen? Wirklich Würmer? Wer bin ich, hier drin, und wie lange noch? Wie werde ich die Würmer los? Erst dachte ich, das wären Adern, aber die Würmer bewegen sich, kriechen mir zum Kinn hinab, tropfen mir in den Schoß, während der Puls in absurdem Tempo mein Ende vorantreibt. Er klopft in einer ungekannten Geschwindigkeit, keine Frage, gleich kippe ich vornüber.

Direkt in die Großväter. Schädel aufgespalten. Stirn verglüht. Na toll. Das kommt davon, wenn man an einem eiskalten Dezemberabend leichtfertig das Sofa verlässt.

Ich versuche durchzuatmen. Geht nicht.

Schmerzt.

Vier Runden hatte der Cousin angekündigt. Viermal Wasser aufgießen. Viermal leichte Verbrennungen. Viermal schamanisches Gedöns, wie ich es in meinem Zustand nur noch nennen kann, mit Rassel und Singsang.

Und dann spricht auf einmal etwas zu mir. Eine Stimme, ganz nah. In einer Sprache, die ich nicht verstehe. Wahrscheinlich einer der Großväter. Jetzt wird es mir wirklich zu viel. Ich will mich nicht mit einem Großvater unterhalten. Ich will so nicht werden. Ich will ein bisschen im Mondlicht spazieren, das Himmelszelt genießen.

Das genügt mir vollauf.

Ich bin nicht spirituell. Inzwischen glaube ich zwar an einen Kreislauf der Dinge, wie ihn die Lehrerin der Arbeitsgemeinschaft Umwelt lehrte, aber nur in einem ganz materiellen Sinn. Etwas wächst heran, etwas vergeht. Der Kreislauf ist älter als wir. Bislang ging es schief, wenn wir versuchten, uns ihm zu entziehen. Im Glauben, dass uns ein in China gezogener Ingwerstrunk zustünde, über die Weltmeere geschippert, in Folie verpackt.

In einer Gegenwart, in der ich alle zwei Wochen Gelbe Säcke vor die Tür stelle, ist es fast schon spirituell, mich daran zu erinnern, dass das Zeug nicht weg, sondern nur abgeholt ist, wenn der Sack nicht mehr vor der Tür steht. Vielleicht bin ich in einem materiellen Sinne spirituell.

Materiell spirituell, geht das?

Ich fürchte, der Cousin meines Nachbarn wäre nicht recht überzeugt.

– Ein Tier, ganz gleich welches, sagt nicht der Großvater, sondern der Cousin, auf der anderen Seite der glühenden Steine. Nenn es uns. Stell es uns vor.

– Ich, ähm, Adler, röchle ich. Weit oben. Schön kalte Luft. Weit weg.

– Sehr schön. Du stellst ihn dir nicht nur vor, du bist der Adler. Sei der Adler. Sei die Schwinge. Du bist hier und schwebst doch über allem. Sei der Adler. Sieh herunter. Sei du selbst.

Darauf natürlich wieder Rasselschwenken und Liedchensummen, und noch eine Runde Wasser auf die Großväter.

Doch Halt. Stopp. Weg mit der Ironie. Ich will nicht verurteilen. Es scheint mir unglaublich aufwändig, wie die drei versuchen, nach draußen zu kommen, und ich denke, dass das auch einfacher geht. Doch dem schieren und unbändigen Willen, ins Freie zu gelangen, gebührt auch Achtung.

Ich will nicht urteilen.

Ich will nur hinsehen.

Noch mal beißender Dampf. Immer drauf mit dem Aufguss. Und dann schlägt mein Puls noch einmal schneller, steigen Spinnen aus den Schläfen, die hinter den Würmern her sind. Sind meine Augen offen? Sie sehen nichts. Oder zu? Was auch immer. Mir wird schwindlig, alles dreht sich, stärker und stärker, bis ich wie in Trance mit dem Oberkörper kreise und dann zur Seite kippe. Der Geist ist mit mir gnädig, ich falle so, dass mein Kopf aus der Zeltöffnung hinausragt. Draußen ist die Luft eisig und klar.

Ein starkes Glücksgefühl überkommt mich, Dankbarkeit, wieder atmen zu dürfen, und ich fühle mich augenblicklich freier und viel weiter draußen, als das im Zelt überhaupt möglich war. Und so ziehe ich mich nicht ins Zeltinnere zurück, sondern robbe mich ganz aus dem Zelt, ins Freie.

– Oh. Unser Bruder verlässt uns, höre ich von

drinnen, die Enttäuschung in der Stimme des Schamanen ist nicht zu verkennen. Seltsamerweise rettet er mich nicht oder schaut wenigstens, ob alles in Ordnung ist. Ich nehme an, er betet stattdessen für mein Heil oder auch für das des Adlers, ich weiß es nicht.

Ich schaffe es kaum aufzustehen, die nackten Glieder schlottern schon wieder auf dem gefrorenen Boden, während ich von innen glühe. Ich friere und schwitze, eine Art körperliche Schizophrenie. Es reißt mich auseinander, mir wird schwarz vor Augen, vielleicht ist es auch einfach nur die Nacht. Der Feuermann kommt, hilft mir auf, manövriert mich auf einen abgesägten Holzstamm, reicht mir meine Kleidung, die hartgefroren ist, sich kaum über die Gelenke ziehen lässt.

Dann sitze ich am Feuer. Starre in die Glut. Der Feuermann fragt, ob es bessergeht.

Die Flammen nehmen meinen Blick auf und meine Gedanken, ich beobachte das Züngeln und Lodern, verfolge die Rotfärbung der Stück um Stück durchglühenden Scheite, bis die Glut zu Asche zerfällt. Die Kälte ist erträglich geworden, hier am Feuer, das Zelt schützt vor dem Ostwind, ich schäme mich nicht, dass ich aufgegeben habe, überlege nicht, wie ich auf die anderen wirke, wärme mich auf, ich bin draußen, in diesem Moment.

Ich antworte dem Feuermann nicht auf seine

Frage, schaue ihn nur an und versuche, Offenheit und Wohlwollen in meinen Blick zu legen.

Die Wahrheit ist freilich: Ich verstehe ihn nicht. Was ihn antreibt. Warum er das tut.

Aber das muss ich auch nicht.

Sobald ich genügend aufgewärmt bin für den Gang über das Feld durch die Nacht, verabschiede ich mich mit einem freundlich gemeinten Nicken, während aus dem Zelt nun rasendes Gemurmel dringt, unterbrochen von spitzen Rufen der Frau.

Ich gehe durch Nacht und durch Nebel, folge den Wildpfaden, die sich durch das Steppengras ziehen, breite die Arme aus beim Gehen und stoße am Hauptgraben aufs leere Feld, sehe in den Himmel, an dem keine Sterne mehr stehen, suche einen Horizont, finde ihn nicht, sehe zu Boden, erkenne auch hier nichts, denn über mir und um mich herum ist nichts als schwarzer, tiefenloser, mich verschlingender Raum.

Ich gehe, ohne zu sehen, bis sich meine Pupillen geweitet haben. Der Acker ist fein gegrubbt und gefroren, bietet einen angenehmen Grund, und ich erreiche den Bahndamm. Schwarz auch er, die Hagebuttensträucher und Weißdornhecken darauf zeichnen sich ab; alle paar hundert Meter junge Birken, erkennbar an ihrer spitzen Statur auch in der Nacht. Ich quere den Damm, Schotter poltert herab, auf der anderen Seite glotzt mich ein alter, angepflockter Ziegenbock an wie ein aufgeschreckter Wächter der Nacht. Im dazugehörigen Bauwagen brennt kein Licht mehr, aber Rauch dringt aus dem Schornstein, ich folge der Alten Oder, still, überfroren, weiß geschlängelt, es ist alles da, beruhige ich mich, alles ist da.

Zu Hause sinke ich aufs Bett, Freundin und Kind schlafen aneinandergeschmiegt, mit kunstvoll verwobenen Gliedern. Auf eine stille Weise beruhigt mich das.

Aus dem Spiegel über dem Waschbecken blickt ein aschfahler Geist. Wurmdicke Adern auf Stirn und Schläfen. Die Augen eingesunken. Ich sehe krank aus, vielleicht bin ich krank geworden, in diesem Zelt.

War es der Kräuterschnaps?

War es das Eulan?

Ich schlafe tief und traumlos, doch am nächsten Morgen wache ich mit dem schalen Nachgeschmack unglücklicher Erinnerung auf.

Woher kommt das?

Ich habe nichts getan.

Bleib hier, sage ich, als meine Freundin am Morgen aufsteht, um Kaffee zu kochen. Geh nicht weg. Komm wieder ins Bett.

– Wie siehst du denn aus?, fragt sie besorgt.

Später entschuldige ich mich beim Cousin meines Nachbarn für meinen verfrühten Aufbruch, am Telefon.

Es gebe nichts zu entschuldigen, sagt der Cousin mit tiefenentspannter Stimme. Ich hätte es probiert, noch sei ich nicht so weit. Sein Zelt stehe mir aber jederzeit offen. Auch weiterhin.

Bloß nicht, denke ich, aber ich denke auch: Das ist nobel. Ich fühle mich nicht mehr so schlecht. Er klingt nicht, als fühle er sich als etwas Besseres.

– Ich frage mich, ob es an dem Eulan gelegen hat, sage ich.

– Eulan?, fragt er nach einer längeren Pause, was ist denn das?

– Der Mottenschutz in den Decken.

Er lacht.

– Ach, da ist Mottenschutz drin? Ich hatte mich schon immer gewundert, warum keine Motten in den Decken sind.

– Es ist wohl ziemlich giftig.

– Für Motten, ja.

– Aber wir atmen es doch ein in der Hitze. Ich meine, die Dämpfe –

– Entschuldigung, Bruder. Ich wollte mich nicht lustig machen. Du kannst ganz beruhigt sein. Das bisschen Materie? Das kann einem nichts anhaben, wenn man nicht daran glaubt.

– Und wenn man daran glaubt?

– Man muss lernen, nicht daran zu glauben.

– Ich weiß nicht. Darf ich noch eine Frage stellen?

– Nur zu. War auch noch ein Pilzmittel in den Decken? Oder ein Trockenpülverchen?

Er lacht, tief aus dem Bauch heraus; als er merkt, dass ich nicht mitlache, nimmt er sich aber gleich wieder zurück.

– Nein. Ich meine das Benzin. Zum Anzünden. Wie verträgt sich das mit der Zeremonie? Mit der ganzen Heiligkeit?

– Benzin ist nicht heilig?

– Es ist giftig.

– Benzin ist auch Natur, Bruder. Es gibt nichts, was nicht Natur ist. Es darf nur keine Macht über dich haben. Es ist wie beim Rauchen. Die Leute werden nicht krank, weil sie rauchen, sondern wegen der bösen Gedanken, die sie haben, dabei.

– Verstehe. Aber eins würde ich gerne noch wissen. Wie viel Grad hatte es eigentlich in der Hütte? So ungefähr?

– In Celsius oder in Fahrenheit?

– In Celsius.

– Das war ein Witz. Sei nicht böse. Aber ich fürchte, du stellst etwas seltsame Fragen.

Er lacht. Freundlich. Ich kann ihm absolut nicht böse sein. Wir verabschieden uns. Ich bedanke mich für den Abend. Die Zeremonie, die Ernsthaftigkeit des Zeremonienmeisters, sein Glauben an das, was er tut, haben mich beeindruckt.

Ich wäre auch gerne von etwas überzeugt.

Andererseits, bin ich nicht ebenso überzeugt wie er? Nur eben von etwas anderem?

Dass man ein Feuer auch ohne Benzin anzünden kann? Dass zu viele gerauchte Zigaretten Lungenkrebs hervorrufen? Dass eine Nacht im Winter etwas so Phantastisches ist, dass weiterer Zauber unnötig ist und nur von ihr ablenken kann?

Alles entstammt der Natur. Na ja, klar. Aber ist das nicht etwas simpel? Ein Kanister Benzin, die Verschmutzung der Luft sollen harmlos sein? Wo hört diese Einstellung auf? Bei Vergewaltigung? Bei Mord? Oder ist das auch natürlich, weil es nun einmal auf der Welt ist? Ein bisschen kommt mir diese Haltung wie eine Entschuldigung vor, um nicht aufbegehren zu müssen. Um alles belassen zu können, wie es ist. Doch Materie wird nicht harmlos, indem ich sie beschwöre. Veränderung braucht mehr. Empörung. Wut. Logik. Analyse. Keine neuen, ambitionierten Regeln, die es dann wieder stur zu befolgen gilt. Und seien sie noch so heilig.

Andererseits, warum mache ich mir die Mühe, etwas so Harmloses wie einen schamanischen Kult abzuwerten? Es gibt Dinge, über die es sich aufzuregen lohnt. Mit Land zu spekulieren. Paprika aus Spanien herbeizufahren. Das neue iPhone acht. Neun.

Zehn. Da lohnt es, sich aufzuregen. Aber doch nicht darüber, ob jemand ein Pfeifchen mehr oder weniger braucht, um rauszukommen. Jeder nach seiner Façon. Schön ausgesehen hat's allemal.

Seltsamerweise, denke ich, sind mein märkischer Nachbar und sein Cousin doch gar nicht so verschieden. Der eine raucht Stumpen, der andere Friedenspfeife. Der eine erschießt einen Milan, der andere hält es für möglich, selbst einer zu sein. Beide verlassen nicht ihre Heimat, ihr geliebtes Oderbruch. Shoppingreise? Skitourismus? Darüber lachen sie nur. Der Cousin macht eben einigen Hokuspokus um diese Art zu leben, mein Nachbar lieber einen ironischen Spruch darüber. Wenn man so will, steht es Nachbar zu Cousin 1:1.

Und nun ist aber wirklich mal Schluss mit dem Bewerten anderer Leben.

Und so bin ich froh, dass ich dabei war. Ich habe nicht nur eine leichte, schöne Melodie mitgenommen, die ich manchmal summe, wenn ich draußen allein bin. Ich habe auch neue Bilder mitgenommen, die Silhouetten der drei Zelebrierenden vor den Flammen, von den glühenden Großvätern im dunklen Zelt, von dem Reif auf den ungemähten Wiesenhalmen, die vom Feuer rot und gelb angestrahlt wurden, in der Nacht erloschen, bevor die nächste auflodernde Flamme sie erneut mit Farbe überzog.

Inzwischen, seit ich wieder klar denken kann, bin ich mir übrigens sicher: Es lag nicht am Eulan, das Zeug war sicherlich über die Jahrzehnte verflogen, zumindest unter die Nachweisgrenze gesunken. Es lag auch nicht an dem kleinen Schluck Kräuterschnaps, den ich mir heimlich und gegen das Regelwerk des Schamanen gegönnt hatte. Ich hatte auch keinen Kontakt mit den Großvätern aufgenommen, als ich kurz vor der Bewusstlosigkeit stand.

Nein, es war schlicht zu heiß gewesen in dem Zelt.

15. Kapitel

Eisschwimmen

Die Allee zum Schloss liegt unter Schnee. Um mich Stille, Geräuschlosigkeit. Nur unter den Stiefeln knarzt es, wenn sich beim Auftreten der Boden verdichtet, der dann als gepresste Platte von meinen Sohlen bricht und mit einem kleinen Geräusch in den Schnee zurückfällt. Die Spuren, die ich in den weichen Grund setze, sind die ersten, und sie werden die letzten sein, denn für den Abend ist Neuschnee angesagt.

Das Bruch ist im Januar noch farbloser, noch flächiger geworden; es wirkt wie ein großer, zugefrorener See unter Schnee. Die wenigen Pappeln und Birken sind ebenfalls weiß, weiß sind die Telegraphenmasten und Stromleitungen, unter einem wie lackiert blauen Himmel. Nur wo die Sonne steht, ist ein gleißendes Loch in ihn gerissen, aus dem das Licht und die Helligkeit fluten; selbst das Licht, scheint es, ist im Winter fast weiß.

Es ist eine Sünde, aber den ersten Schnee des Jahres habe ich verpasst. Einer besonders perfiden Abgabe wegen war ich tagelang weggeschlossen. Ich habe den ersten Schnee nicht wie ein Kind verpasst, das nachts schläft und morgens über das weiß gewordene Land vor dem Kinderzimmerfenster staunt, ich habe ihn sehenden Auges verpasst, am Schreibtisch, und nun hat sich das Nahweh umso mehr in mir angestaut.

Es ist beschämend, wie sehr ich verinnerlicht habe, Dinge erst fertig zu machen. Ich frage mich, wie viel Unheil dieses Immer-erst-fertig-Machen schon über mich gebracht hat. Offenbar ist es damit nicht genug, dass diese ungeliebte Zuverlässigkeit mich weitgehend von allem, was mich ausmacht, entfernt. Nein, nun bringe ich auch Luc schon bei, eine Tätigkeit zu beenden, bevor er die nächste beginnt. Erst aufzuräumen, dann zu malen. Erst das Bild zu beenden, dann Fußball zu spielen.

Es ist offenbar stärker als ich. Und es hindert mich am Leben.

Das will ich nun nachholen, das Leben.

Die Sonne klar, die Luft kalt. Der See hinterm Schloss seit Wochen zugefroren. Der perfekte Tag, um eisschwimmen zu gehen.

Auf dem Hinweg bin ich voller Hoffnung. Allzu viel sollte nicht schiefgehen. Das Eis darf nicht brechen, während ich das Loch hineinhacke. Nach dem

Sprung darf ich nicht unter die Eiskante geraten. Gut, zugegeben: auch ein Herzinfarkt ist besser zu vermeiden, beim jähen Kontakt mit dem eisigen Wasser. Aber sofern ich die Arme nach dem Auftauchen zügig über der Eisschicht ausbreite, sollte ich unversehrt davonkommen.

Seit ich aufgebrochen bin, halte ich die Augenlider halb geschlossen; das Licht ist zu grell. Ich gehe durch eine Birkenallee zum Schloss, hinter dem der See liegt. Der Schnee weitet sich übergangslos aufs Feld aus, nur die spitzen Birken markieren noch den Verlauf der Allee. Die eiserne Spitzhacke, mit der ich ein Loch in den See treiben will, ist schwer zu fassen mit den Handschuhen, doch auf dem wattierten Schulterstück des Anoraks tut sie nicht weh.

Das kleine Schloss am See ist ein weiteres Jahr verfallen, die Eigner haben sich übernommen, wie viele Westdeutsche, die nach der Wende hergekommen sind, um auf alten Wirtschaften, in alten Gemarkungen Gutsherr zu spielen. Der neue, ockerfarbene Anstrich platzt bereits wieder von den Erkertürmen, noch bevor deren Runddächer instandgesetzt sind.

Der Schlosspark ist ein Schlossurwald, seit Jahren nicht gesenst. Um zum See zu gelangen, muss ich ihn queren. Ich nehme einen Steg über das Schlossfließ, das Wasser ist weiß überfroren. Über mir federt ein Uhu aus einer Tanne, auf deren Ausläufern die

Spindeln zerfallener Zapfen stehen, die Deckschuppen reihum verweht, Schnee rieselt herab, netzt mir das Gesicht. Auch der Gedenkstein Derfflingers, des früheren Schlossherrn, hat eine Haube aus Schnee bekommen, junge Pappeln und Weiden sind aus der Wiese geschossen.

Nach dem letzten der nun regelmäßig über uns hinwegfegenden Jahrhundertstürme stehen keine alten Bäume mehr, keine stolzen Stämme und Kronen, sondern Sprösslinge und Gehölze, Weißdorn, junge, kaum brusthohe Robinien, ein Dickicht aus Liguster und Schlehen, ummantelt von Schnee. Eine letzte, tote Eiche liegt noch immer quer über dem Gelände, mit aufklaffendem Wurzeltrichter, eine schwärende, unversorgte Wunde, in der Marder oder Iltisse hausen. Im Schnee kleine Pfotensiegel, direkt vor dem Trichter in dichter Trittfolge, hin und wieder von Amselgeläufen und den kleinen Einschlaglöchern in den Schnee gefallener Eicheln abgelöst.

Ich gehe gebeugt, nicht der Spitzhacke, sondern der Unwegsamkeit wegen. Rutsche auf feuchten Rindenstücken aus. Nehme die Arme zur Hilfe, um mich an herabhängenden Ästen über gefrorene Pfützen zu retten. Übersteige den gefallenen Stamm der Eiche. Das Schloss liegt nun hinter mir. Es gibt keinen anderen Weg zum See als den durch diesen Märchenwald. Eine Dornenranke zieht mir die Mütze vom Kopf, ich fische nach ihr, doch sie pendelt zurück, schwingt aus, als wolle sie mit mir spielen. Dann gibt mich der Schlossurwald wieder frei, ich habe Sicht auf die Felder. In einer Senke, hundert Meter vor mir, liegt der See.

Die Sonne steht stark und grell am Osthimmel über dem verschneiten Acker, lässt die Eiskristalle überfrorener Schneeplatten aufglitzern, es hat fünf Grad unter null, und doch wird mir warm. Ich folge dem kleinen Fließ, das aus dem Schlossurwald zum See führt, quere die gefrorene Krume, breche in Feldaugen, Trichter aus Eis, und erklimme winzige, durchs Pflügen entstandene Steigungen, genieße die Luft und das Licht. Noch einmal eine Birke, weiß, schmal, noch einmal eine Weide, grau, stämmig, dann senkt sich der Acker zum See.

Dampf steigt vom antauenden Riedgürtel auf, von Sumpfgräsern und Schilf, das mattgelb ist und starr, die überfrorenen Ähren sind zu weißen Wedeln geworden, sie wanken unter ihrer eigenen Last. Ich atme aus, die weiße Kondenswolke bleibt vor mir in der Luft stehen, vertreibt in keine Richtung, löst sich dann auf.

Ich nehme die Spitzhacke von der Schulter, prüfe an einer Naturbadestelle das uferseitige Eis. Einen Moment lang höre ich die Schreie, das Gelächter der Jugendlichen, die sich hier im Sommer ins Wasser schubsen, untertunken und dann im Ufersand mit aufgeschütteltem Bier besprühen. Die Stille nach diesem Erinnerungssplitter wiegt schwer. Ich sehe nach Norden. Ich sehe nach Westen. Ich sehe nach Süden. Einfarbiges Blau über einfarbigem Weiß. Zwischen oben und unten ein schmaler Riedgürtel. Sonst nichts.

Ein struppiger alter Dachs quert geräuschlos die Eisfläche, als sei er der Tiefe darunter nicht gewahr. Erst als er im Schilf verschwindet, klirren und brechen vereiste Kolben und Halme. In bestimmten Winkeln, bei bestimmter Kopfhaltung, fängt es auf der Seemitte an zu glitzern, im Schilfgürtel oder am Horizont. Ich stehe auf dem vereisten Uferstreifen, und ich möchte nirgendwo anders, nur möglichst lange hier, an diesem einsamsten aller Orte sein.

Im Uferschlick sind Kronkorken festgefroren, der Aluminiumclip einer Getränkedose, das Zellophan einer Zigarettenpackung. Es ist mir schon oft aufgefallen, dass draußen meist nur die Reste von Betäubungsmitteln, von Alkohol und Nikotin aufzufinden sind. Ich frage mich, in welcher Welt wir leben würden, wenn es stattdessen die Liebe wäre, die allenthalben ihre Spuren hinterließe. Ob die Welt, in der ich im Freien, auf Waldlichtungen, an Badeseen, auf Spuren der Liebe stieße, eine bessere wäre? Aber vielleicht ist das ja auch das Schöne an der Liebe, dass sie keine Spuren hinterlässt?

Wenn ich drinnen bin, lebe ich manchmal in Liebe, manchmal in Angst. Die Milch kann ausgehen. Die Rentenkasse zusammenbrechen. Das Kind nicht pünktlich nach Hause kommen. Selbst wenn ich mich um den anderen sorge, bin es letztlich ich, der keine Sorge haben möchte – sorge ich mich, wenn man so will, um mich selbst. Meine Sorge umfasst nichts Positives, keinen Wert, sie meint allein die Abwesenheit der Katastrophe, die Abwesenheit der Gefahr und damit die Abwesenheit jeder Veränderung.

Ich kann nicht großherzig sein, wenn ich drinnen bin, meine Angst macht mich kleinmütig. Ich bin nicht zuversichtlich, lasse nicht gewähren, ich verfolge bange, arbeite Listen ab, und wenn sich partout keine Sorge mehr finden lässt, droht wenigstens noch ein Terroranschlag. Ich übe mich nicht im Loslassen, sondern versteife mich im Behaupten von liebgewonnenen Glaubenssätzen, aber auch im Behaupten meiner selbst.

Wenn ich draußen bin, bin ich frei. Wenn ich frei bin, tue ich nicht, was ich soll. Ich folge nicht, ich führe auch nicht, sondern ich gehe für mich allein. Es ist die Beziehungslosigkeit, die Weisungslosigkeit, die mich frei macht, die Abwesenheit einer Sorge um Wirkung, um Folge. Es ist kein Solipsismus und keine Egozentrik, sondern innere Konzentration.

Auf wen soll ich wirken, wenn niemand da ist,

vor wem soll ich verantwortlich sein, wenn ich niemandem vorstehe, es ist die Herrschaftslosigkeit, die Abwesenheit von Unterordnung und Verknechtung, die dem Draußensein so viel revolutionäre Kraft beimisst, so viel Macht zur Veränderung, nicht durch den Aufstand, nicht durch die Barrikade, sondern durch das Unterwandern, durch das Loslassen und Auflösen.

Der Blick nach Osten, in die aufsteigende Sonne, ist kaum zu ertragen. Und doch tue ich, was jedem Kind beigebracht wird nicht zu tun: Ich sehe hinein, bis ich erblinde, bis der Lichtreiz schmerzt, Tränen hervortreten und ich unwillkürlich taumle und blinzeln muss. Doch ich sehe weiter, verschwommene Farbexplosionen, grell, exzentrisch, unbildlich, hinter Tränen. Erst als es allzu weh tut, schließe ich die Augen, sehe vor mir in den Schnee, ich fühle mich angreifbar, in diesem Moment.

Zwei Stockenten setzen im Tiefflug über den See, ich höre sie mehr, als ich sie sehe, schwerfällig, heftig schlagend, als sei die Luft zu dünn geworden im Winter, um zu tragen. Beinahe hilflos stürzen sie am anderen Ende des Sees ins Ried.

Als ich wieder klar sehen kann, bücke ich mich und wische den Schnee auf dem Eis beiseite. Rings um die Schilfgräser, die aus der Eisdecke ragen, haben sich kleine, wohlgeformte und an den Rändern wie glattgegossene Hohlräume gebildet. Weiße Luftblasen sind darin eingeschlossen. Ich trete auf, verlagere das Gewicht, doch das Eis ist dick genug, durch die kleinen Gefrierlöcher tritt kein Wasser aus.

Ich gehe weiter auf den See hinaus, das Wasser ist hier nicht tief. Doch das Eis fängt nun an zu singen, zu sirren unter mir, reagiert auf meine Schritte, auf meine harten Sohlen, auf mein Gewicht. Das Geräusch setzt sich fort bis ans Ufer. Ich spüre eine leise Schwingung, einen kurzen Widerhall, ich werfe keine Bruchlinie auf, höre kein Knacken und kein Spalten, doch der See scheint unter meiner Last zu ächzen, gestört zu sein in seinem Winterschlaf, mich wieder loswerden zu wollen. Und ich höre das Omen, doch ich beachte es nicht.

Stattdessen setze ich den ersten Schlag mit der Hacke. Das Eis splittert nicht, zerbröselt eher, verliert seine Durchsichtigkeit. Der erste Schlag hat nur einen kleinen, kaum daumentiefen Trichter erbracht. Ich setze nach, schwinge die Hacke, lasse sie gezielt und mit Kraft, doch nicht hemmungslos auf das Eis niedergehen. Der Trichter vertieft sich, der See mault auf, gibt am anderen Ufer ein schwappendes Wassergeräusch von sich.

Nach dem vierten, fünften Schlag breche ich zum Wasser durch. Es schwappt mit einem dünnen Plätschern hervor, netzt das ringsum weißgeschlagene

Eis und lässt es wieder durchsichtig werden. Ich wende die Hacke, nutze nun den abgeflachten, breiten Teil und schlage Eiskanten aus der vielleicht sieben oder acht Zentimeter dicken Schicht.

Mir wird warm unter dem Anorak. Ich ziehe die Handschuhe aus, in denen ich schwitze, und tauche die Finger ins Wasser. Ein angenehmer Temperaturschock betäubt die Fingerspitzen. Dann heble ich die Eisbrocken aus dem Wasser, lasse sie über den See schlittern. Und so geht es weiter, hebeln und hacken, bücken und brechen, lösen und schlittern lassen.

Das Loch wird nur langsam größer, und ich verliere das Gefühl für die Zeit, ziehe irgendwann, im klaren Sonnenlicht, den Anorak aus. Mein Körper beginnt, in der kalten Luft zu dampfen. Ich stütze mich auf die Hacke, halte inne, wundere mich, wie schnell die Sonne in den Süden gewandert ist, ohne am Himmelszelt nennenswert aufzusteigen. Es wirkt, als sei sie zu schwer dazu, zu müde, um ihre tiefe Laufbahn zu verlassen. Dabei ist es Januar, die Tage werden bereits wieder länger.

Ein loses Wolkenband verdunkelt die Sonne, lässt mich augenblicklich Handschuhe und Anorak wieder anziehen. Die Schneedecke auf dem gefrorenen See ergraut, meine Augen entspannen sich; zum ersten Mal seit Stunden öffne ich die zusammengekniffenen Lider. Und dann folgt dem Wolkenband ein Hochnebelfeld, schiebt sich nach Westen, langsam, gemächlich. So zieht kein Unwetter auf, so naht neuer Schnee.

Unten, auf dem See, ist es weiter windstill, aber nun, ohne Sonne, kalt geworden. Ich trete ein paarmal auf und ab, klatsche in die behandschuhten Hände, hole etwas Wodka aus dem Rucksack und nehme einen brennenden Schluck. Das Eisloch ist nun groß genug, umfasst vielleicht einen Quadratmeter, das Wasser darin ist schwarz. Es zieht mich an, stößt mich ab. Das schiere Wissen, dass das Wasser hier nicht sonderlich tief ist, beruhigt nicht. Es sieht aus, als würde es unter der Oberfläche einen Kilometer in die Tiefe gehen.

Ich schlittere zurück ans Ufer und renne drei volle Runden um den See, bis ich unter der gefütterten Winterkleidung zu schwitzen beginne. Dann trinke ich einen weiteren Schluck Wodka, und als ich seine wärmende Wirkung spüre, ziehe ich mich aus.

Anorak. Stiefel. Skihose. Pullover. Socken. Die Luft schneidet mir in die Haut, auch ohne jede Bewegung. Das Eis unter den Füßen brennt sich ein, ich zittere, schon jetzt. Und ich weiß, dass ich eine Entscheidung treffen muss. Dass ich das nicht lange aushalten werde. Dass ich mich sofort wieder anziehen sollte, losrennen, bis ich zu Hause am Ofen sitze. Ich trete an die Bruchkante des Eislochs, bücke mich. Einen Moment fürchte ich, meine Fußsohlen könnten festfrieren auf dem Eis, aber es ist zu wässrig, es ist einfach nur brennend kalt.

Es gibt zwei Arten, sich kaltem Wasser zu nähern. Entweder man tritt einige Schritte ins Kalte, plätschert umher, netzt sich die Waden, den Bauch und den Nacken, versucht, sich an die Temperatur zu gewöhnen. Kardiologen sollen diese Variante empfehlen. Sie hat allerdings einen Nachteil. Sie ist nur für kaltes Wasser geeignet. Nicht aber für solches, das kurz vor dem Gefrierpunkt steht. Das nächtliche Bad in der Oder wird sich ausnehmen wie eine laue Badewanne im Vergleich zu dem, was mich erwartet. Wenn ich zunächst nur die Beine ins Wasser tauchen, mich auf der Eiskante absetzen würde, käme ich wahrscheinlich nicht einmal mehr hoch. In keinem Fall würde ich den Rest des Körpers unter Wasser kriegen. Das aber ist absolutes Muss. Vorher gehe ich nicht nach Hause. Auch die Haare müssen nass werden.

Es bleibt also nur die zweite Möglichkeit. Die Betonkopfvariante. Die Bootcamp-Lösung. Augen zu und durch, denke ich noch, als ich mich auf einmal in der Luft befinde, offenbar abgesprungen bin. Ich kann mich nicht daran erinnern, den Befehl dazu gegeben zu haben. Etwas scheint für mich entschieden zu haben, die Angst vor der Schmach zu versagen oder auch nur die Kälte am Eislochrand. Jedenfalls bin ich abgesprungen und falle, tauche ein, tauche unter, Beine, Bauch, Kopf, und alles, was ich spüre, ist ein unsäglicher Schmerz.

Es ist, als bekäme ich einen gigantischen Stromschlag verpasst, die Brust zieht sich zusammen. Ich könnte nicht sagen, wie ich heiße, in diesem Moment. Schon gar nicht, warum ich mir das antue. Es ist der totale Kontrollverlust. Eine einzige Explosion überreizter Nerven. Ich kann mir nicht vorstellen, dass es sich schlimmer anfühlt, überrollt zu werden oder verbrannt oder zerquetscht. Es ist nicht erfrischend, sondern erschlagend, nicht überwältigend, sondern auslöschend, nicht erweiternd, sondern beängstigend, ja, das Einzige, was ich spüre, neben dem körperumfassenden Schmerz, ist Angst.

Der Schmerz schlägt vom Rumpf in den Nacken, von den Beinen in den Rumpf, ich fühle mich geschrumpft, zusammengezogen, versteinert, gelähmt. Unmöglich, willentlich Bewegungssignale zu setzen. Mein Herz galoppiert in ungekannter Geschwindigkeit, endlich erreiche ich den Sandboden, stoße mich ab, tauche wieder auf, breite instinktiv die Arme seitlich über dem Eis aus, um nicht unter die Fläche gesogen zu werden. Und dann schreie ich, laut und urtümlich, es ist kein Glücksschrei, wie ihn Bungeejumper und Fallschirmspringer ausstoßen. Es ist, da ich wieder aufgetaucht bin, auch kein Angstschrei, es ist der Schrei Tausender Generationen von Ahnen, die mir diesen Schrei weitergaben, alles vorbereiteten, für diesen einen, nicht menschlichen, nicht animalischen Moment.

Dann berührt mich etwas Glitschiges am Fuß, nicht nur flüchtig, zäh streift es an meinem Knöchel vorbei, wie eine um Liebe buhlende Katze, nur ohne Fell, wie eine fischige, glitschige Katze, dann saugt es sich fest, und es wird mir zu viel. Es ist ein Unterwasserungeheuer, ein aufgescheuchter Karpfen, hunderte Kilogramm schwer, eine Meerechse, ein Teichtroll, eine Seeschlange. Was auch immer, es befindet sich im Abwehrmodus, ist aufgeschreckt aus dem Winterschlaf, hat die Rochenstacheln, die Schwertscheiden ausgefahren, das Vieh lässt nicht ab. Es wickelt sich mir um den Fuß, ich ziehe mich aus dem Eisloch, springe an Land, oder vielmehr an Eis, um meinen Fuß ist eine schwarze, schmutzige Tüte gewickelt. Und in dem Moment, in dem ich sie abschüttle und krebsrot und schlotternd und hartgefroren auf dem Eis stehe, fällt neuer Schnee. Fällt auf meine nackten Glieder. Schmilzt nicht. Webt mich ein. Deckt mich zu.

Das Anziehen gestaltet sich schwieriger als gedacht, viel zu hastig reibe ich mich mit dem Handtuch trocken, taumle in die Skihose, die keinerlei Wärme bringt. Ich schaffe es kaum, das lange Unterhemd überzustreifen, der Stoff verfängt sich an der eisigen, klebrig nassen Haut. Ich zupfe und zerre. Hüpfe unentwegt auf und ab. Falle hin. Stehe auf. Beginne, halbbekleidet zu rennen. Bin offenbar nicht mehr bei Sinnen. Stecke endlich in Schuhen und Pullover. Ziehe den Anorak über. Die Mütze. Den Schal.

Und dann sehe ich den struppigen Dachs, am anderen Ufer des Sees. Den Blick auf mich gerichtet. Hat er mich die ganze Zeit beobachtet? Was hat er sich bei dem Anblick gedacht? Einen wundersamen Moment lang bilde ich mir ein, der Dachs schüttle den Kopf, aber dann streicht er nur neuen Schnee von seinen alten Barthaaren. Ein flaues Gefühl kommt auf, doch ich habe keine Zeit, mir Gedanken darüber zu machen. Ich werde ihm später nachgehen, diesem Gefühl, wenn ich wieder denken kann. Zunächst einmal schlittere ich vom See herunter und beginne zu rennen, zu rennen, zu rennen.

So lässt sich der Kälteschmerz aushalten. Ich spüre bald meine Lungen, die kalte Luft, die sie ins Warme saugen, habe vom Rennen ein Klaffen im Hals und einen blutigen Geschmack im Mund. Ich werde langsamer, renne nicht mehr, erreiche die Birkenallee am Schloss, und mit dem Gleichmaß der gepflanzten Bäume finde auch ich zur Ruhe zurück.

Der Schmerz ist immer noch intensiv, vor allem in den Gelenken, immer noch überkommt mich in unregelmäßigen Abständen ein Schlottern, aber ich kann dabei weitergehen, es ist kein Schmerz mehr, der Angst macht, es ist einfach nur noch Schmerz. Und warum auch nicht. Mal habe ich Angst. Mal habe ich Lust. Mal habe ich Hunger. Und nun habe ich eben Schmerz.

Was zurückbleibt, ist ein ungekanntes, flaues Gefühl. Das mich ärgert. Ich hatte mir das anders vorgestellt. Siegreicher. Ruhmreicher. Pathetischer. Ich hatte das Eisbad schon ein wenig feiern wollen. Hatte ein Hochgefühl erwartet, einen Überschwang der Stimmung, die aufgekratzte Wachheit nach der überstandenen Herausforderung. Ein Neuronengewitter. Lebenslust. Was tatsächlich aufkommt, während ich unter den kahlen Kronen der Birken nach Hause gehe, erneut erste Spuren in den Schnee setze, da meine Abdrücke vom Hinweg zugeschneit sind, was tatsächlich zurückbleibt, während ich mir immer dickere Schneeflocken von den Wimpern wische, ist Scham.

Der struppige, alte Dachs im Riedgürtel. Ich bin mir sicher, dass er doch den Kopf geschüttelt hat. Wenn nicht äußerlich, weil sein Habitus die Geste nicht hergibt, so doch innerlich. Es war ein altes Tier, das zeitlebens sicher nicht auf die Idee gekommen ist, freiwillig in eiskaltes Wasser zu springen. Was ist mit mir passiert? Wie konnte ich auch nur auf die Idee kommen?

Was, wenn ich mich abermals getäuscht habe in dem Jahr, das hinter mir liegt? Wenn es nicht die ganz große Freiheit war, die ich immer wieder in kleinen, großen Momenten erlebte, sondern letztlich ein Zwang? Wenn ich nicht selbstbestimmt, sondern getrieben bin? Wäre nicht ein Leben, wie der Dachs es führt, das eigentliche Ziel? So ausgeglichen, dass ich eine Nacht im Wald, einen Sprung in den Eissee nicht brauche?

Oder bin ich zu streng?

Ob das möglich ist: Nicht nur die anderen, sondern auch mich selbst weniger zu beurteilen?

Und einfach nur zu sein?

Rechts bewegt sich etwas, am Rand der Allee. Erst sieht nur eine Schnauze hervor, wittern Schnurrhaare, dann wagt sich ein kleines Gesicht hervor, graubraun, spitz. Als Nächstes erscheinen zwei graurosa Nagerschaufeln, lassen mich zögern, ob es vielleicht ein Maulwurf ist, aber dann schlüpft die ganze Maus heraus, eindeutig, eine Feldmaus. Sie gräbt geschäftig eine Eichel aus dem Schnee, rollt sie mit kurzen Bewegungen in ihr Wurzelloch, sucht weiter, entdeckt mich, hat keine Angst, kein Interesse, beachtet mich einfach nicht.

16. Kapitel

Schnee und Licht

Das war ja klar.

Das Jahr ist vergangen, und nichts ist verfugt. Nicht die Hausseite zur Dorfstraße hin, nicht der Schuppen zum Nachbarn, nicht einmal die Wetterseite, bei der Regen und Wind bereits tiefe Kerben zwischen die alten Backsteine getrieben haben. Die Steine sind nur einfach gebrannt, für einen ungeschützten Kontakt mit den Gezeiten sind sie nicht vorgesehen, in einigen Jahren werden sie zerbröseln.

Mein märkischer Nachbar kam zwar noch den ein oder anderen Morgen, Punkt halb sieben, verfugte auch durchaus einige schöne Meter, verbrachte dann aber mehr Zeit mit seinem speziellen Frühstück als mit den Fugen.

Nun ist es zu spät. Es hat Minusgrade, der Mörtel würde gefrieren.

Ich bin ein wenig erleichtert darüber.

Nächstes Jahr dann, gewiss.

In der Nacht ist neuer Schnee gefallen, heimlich, verschwiegen. Seit einer Stunde blicke ich aus dem Fenster, auf die leere Dorfstraße, auf die Schneedecke, die immer höher steigt, die einschließt und einwebt, Acker und Pflastersteine gleichmacht. Auch auf Dorfpfuhl und Allmendewiese türmt sich Schnee; nur sanfte Konturen, abgesetzte Wälle, eingelassene Plateaus, zeigen einen Wechsel im Untergrund an: Eis oder Gras, Pflasterstein oder Teer.

Und wie sich das Nahweh langsam, achtsam einschleicht, in meinen Blick, in die Landschaft, wachgerufen in der Stille nur durch den Sehsinn, zerrinnen meine Zweifel. Wächst die Zuversicht, dass ich mich doch nicht geirrt habe mit dem Draußensein. Das Dorf, die Welt sehen schon wieder anders aus. Auf dem Kalender steht ein anderer Monat, Februar, doch vergangen ist seit dem Sprung ins Eiswasser ein einziger Tag.

Nein, ich habe mich nicht geirrt. Das Nahweh ist nichts, wofür ich mich schämen muss. Das Nahweh ist mir viel zu tief eingeschrieben, da könnte ich mich ebenso für meinen Hunger schämen, für meinen Durst. Nur wie ich ihm gestern begegnet bin, dem Nahweh, das war rabaukenhaft, das war großspurig und wichtigtuerisch. Ich will mich nicht messen mit der Natur, ich will mit ihr sein, in sie eintauchen, ja, aber nicht so brachial wie gestern, sondern in einem anderen, milderen Sinn.

Ich nehme mir vor, den Schattierungen des Nahwehs früher nachzufühlen, ihm schneller zu begegnen, die Sehnsucht nicht aufzustauen. Ich will das Draußensein so umfassend in meinen Alltag integrieren, dass ich das Nahweh besser in den Griff bekomme. Dass nach Tagen schmerzlicher Abstinenz kein Absturz mehr folgt, kein Sprung in frostiges Wasser. Dass ich nicht mehr ein Loch ins Eis hämmern muss, um mich wieder zu spüren.

Schöner Plan. Aber auch umzusetzen? Natürlich, der Alltag wird immer wieder stärker sein. Mauerverfugen und Nachhilfebetreuung, Geldverdienen und Partnerschaft, Gasrechnung und Schornsteinfeger werden leichtfüßig ihre Siege davontragen. Aber vielleicht ist das auch gut so. Denn wenn ich ganz frei bin, bin ich auch ganz auf mich gestellt. Nicht nur eine Nacht im Wald lang, sondern für immer. Und ich bin nicht gemacht dafür, der letzte Mensch auf der Welt zu sein.

Eine totale Trennung vom Alltag klingt zwar verlockend, nach Abschied von Kleinteiligkeit und Wiederholung. Eine totale Trennung vom Alltag wäre aber auch der Abschied vom Liebgewonnenen, vom Gleichmaß der Gewohnheit, von der Eingespieltheit des Bekannten, von der Nähe und Unbedingtheit der Nächsten um mich herum. Wenn ich immer nur drinnen bin, wird aus Sicherheit Verwahrlosung, aus Schutz Druck, aus Wärme Schwüle, aus Stille Langeweile, aus Zufriedenheit Überdruss, aus Alltag Trott.

Draußen aber spüre ich schnell, wie viel er mir auch bietet, der Alltag, die schlaftrunkenen Morgenabläufe zwischen Kaffeeverschütten und Messerkampf mit zu kalter Butter, die Suche nach verlorenen Kindersocken und Regencape, das Glück, lieben zu dürfen, und eine zarte Ahnung von Sinn hinter alldem. Der Alltag, das ist das Wissen, nicht nur da, sondern in Abwesenheit auch vermisst zu sein, und selbst zu vermissen. Das ist die Möglichkeit, am Schreibtisch zu sitzen, und dort beim Schreiben die Lücken zu schließen, Verständnis nachzutragen, denn draußen zählt das Verstehen zum Glück nicht.

Und wenn es mal nicht gelingt, den Alltag zu durchbrechen, mit einer Nacht im Mondlicht oder einem Sprung ins Eiswasser, dann verliert der Alltag schon allein dadurch seine Strenge, dass ich mir den nächsten Gang ins Freie in aller Bildmächtigkeit ausmale. So wird die Entsagung, am Rechner, am Wäscheständer, Texte tippend, Kinderhosen hängend, zur Sehnsucht, zur vorweggenommenen Feier des nächsten, befreienden Augenblicks. Eines Augenblicks, in dem ich bedürfnislos und losgelöst, einen Moment lang allein unterm Sternenzelt und in wortloser Zwiesprache mit den Ahnen, ja, einen Moment lang auf mich zurückgeworfen bin.

Ich habe mich nicht getäuscht, gestern, ich habe mich nur überfordert. Vor dem Sprung in den Eissee war ich zu lange nicht aus dem Haus gekommen. Das konnte nicht gutgehen, das muss man verstehen. Ich hätte gleich nach draußen gehen müssen, und sei es nur für ein Behelfsfeuer, und sei es nur für Minuten. Es ist genug Welt da draußen für alle da, auch für die, die gerade am Rechner sitzen. Ich muss nur eintauchen in diese Weite, sie oft nicht mal aufsuchen, sondern allenfalls zulassen. Mich ergeben. Sein. Wer sagt, dass man nicht träumen darf? Unterm Pflaster liegt noch immer der Strand.

Das Gefühl, im Freien zu sein, darf nicht länger von der Outdoor-Industrie gekapert werden, die genau andersherum vorgeht, die das Drinnen nach Draußen trägt, die Zivilisation in die Wildnis, statt das Draußen nach Drinnen, also die Freiheit in den Alltag. Wenn ich versuche zu erzählen, was ich tue, da draußen, stoße ich verdächtig schnell auf Verständnis. Dann fallen die Worte Selbsterfahrung, Besinnung und Kraft der Natur. Doch nichts davon trifft. Es ist keine Mode, die mich nach draußen treibt, es ist ein Atavismus. Ich stehe zu ihm. Die längste Zeit hat der Mensch im Freien verbracht. Warum sollte ich, was mich Hunderttausende von Jahren ausgemacht hat, ablehnen? Oder erklärungsbedürftig finden? Ich werde es doch nicht loswerden. Es ist doch gerade das Draußensein, das keinerlei Erklärung bedarf.

Ich klappe den Rechner zu. Trage das Folgende erst am Abend nach. Schnüre die Stiefel, ziehe den Parka an, der für schnelles Laufen bei Windstille, bei Schneefall Schutz genug bieten wird. Ich schiebe die unteren Säume der Jeans tief in die Stiefel, verzichte auf Handschuhe, verzichte auf eine Mütze, und verlasse den Hof. Ich gehe nach Osten, und der Schnee fällt von einem nebligen Himmel, lässt sich kaum wegblinzeln, so dicht geht er nieder.

Die Stille im Hof und die Stille da draußen haben sich angenähert. Nichts ist zu hören, bis zwei, drei hastige Schwärme Nebelkrähen über mich hinwegziehen, ebenfalls nach Osten, in eiligem Flug. Dutzende Tiere, lautes Pfeifen der Flügel, kein Krächzen, kein Schrei. Manchmal, wenn unter der anschwellenden Schneedecke gefrorener Schlamm liegt, brüchig, zerklüftet, gerate ich ins Rutschen, dann knirschen meine Schritte nicht nur, dann knackt es, als breche ich ein. Und ich gehe weiter, aufs Feld hinaus, alles ist weiß, und am Ende des Feldes stehen drei kahle Eschen, dort gehe ich hin.

Die windschiefe Asbestbaracke markiert den Außenposten des Dorfes, hier lagert noch immer im Winter das Stroh. Dann folgt kein Gebäude mehr. Dann folgt nur noch Schnee. Ich gehe eine kleine, kurvenreiche, nicht geköpfte Weidenallee entlang, die dem Hauptgraben folgt. Kahle Riesen unter kahlem Himmel, dahinter zarter die Eschen, an ihren

Zweigen geflügelte Nussfrüchte, schwarze Winterknospen, dann geht der Himmel auf, zerreißt der Hochnebel, dringt keine Sonne, aber doch Helligkeit durch. Und einen Moment sehe ich nichts mehr in dem Gleißen über dem Schnee. Ich rieche nur noch die nasse Luft, bin geblendet, gehe weiter, nun blind, durch Schnee, unter kahlen Weiden, so karg, dass ihre Kronen keine Schatten auf meine geschlossenen Lider werfen, und die Sonne wird fühlbar unter den Lidern, und ich sehe nichts, und ich gehe durch Licht.

Inhalt

1. Nachts, im Wald 5
2. Keine Zäune, keine Grenzen 31
3. Im Gleisbett nach Osten 41
4. So frei wie möglich 63
5. Im Schützengraben 83
6. Luftkampf 117
7. Grenzgänger 125
8. Flucht übers Feld 143
9. Blitzschlag 157
10. Wer ohne Sünde ist 179
11. Im Osten der Fluss 187
12. Insel am Feuer 199
13. Wiedersehen mit Fuchs 209
14. Glühende Großväter 219
15. Eisschwimmen 245
16. Schnee und Licht 263